反省しない
アメリカ人を
あつかう方法

アメリカ人がアメリカ人の
管理法を説いた
日米ビジネス文化論

How to deal with Americans who don't "hansei"?

在米日系企業・経営コンサルタント
ロッシェル・カップ
Rochelle Kopp

はじめに

――G・ブッシュは確かに「反省しないアメリカ人」だ！

　私が、『反省しないアメリカ人をあつかう方法』という題名の本を書いたと日本人に言うと、必ず大きな反応が返ってくる —— 普通は皆、大笑いする。確かに、この題名は hit a raw nerve（痛いところに触れる）ものである。

★

　「アメリカ人は自分の非を認めない」、「アメリカ人はエクスキューズ（言い訳）ばかり言う」、「英語には『反省』という言葉がないようだ。ともかく、アメリカ人が反省するのを見たことがない」――こういった不満を、当社の顧客である日本人ビジネスパーソンから頻繁に耳にする。これは、日本人向けのセミナーを行った際、定番と言えるほど必ず出る苦情だ。

★

　アメリカ人と一緒に仕事をしている日本人は、こういった行き場のないフラストレーションを日々抱えている。そうした皆さんのために私は、本書の前作にあたる、同タイトルの新書版を執筆した。もし米国の文化的背景を知らなかったら、アメリカ人の行動の多くは本当に妙に見えるだろうし、その状態で一緒に仕事をしようとすると、失敗する危険性が高い。ここでは、アメリカ人の考え方と行動パターン、そして米国のビジネスの常識と人事管理の慣行を解説している。本書を読めば、アメリカ人との仕事は随分スムーズに進められるだろう。

★

　今回、前作の読者のご要望に応じるため、増補改訂版として改めて出版するにいたった。この増補改訂版では、アメリカ人（従業員）と日本人（マネージャー）それぞれの視点からの悩みに対し、解決法を提案している。前作よりも構成をわかりやすくするために、第一章

では、アメリカ人従業員（同僚、上司、部下）の困った習慣を取り上げ、そんな彼らにどう対処すればいいか、ということを解説した。第二章では、日本人従業員（主にマネージャークラス）も、わが身を振り返ってみよう、という提案をしている。この一、二章は、仕事場だけではなく、アメリカ人の友達、隣人、伴侶、恋人を持つ皆さんにも役立つ示唆が多いので、ぜひご一読を勧めたい。第三章は、アメリカ人と日本人が働いている企業の、特に人事関連の部署の方々に読んでいただきたい。また、日本人の部下を持つ上司の皆さんにも、きっと「なるほど！」と思ってもらえる解決策があるはずだ（最近のあなたの部署の新入社員たちは、アメリカ人と同じくらい、いや、アメリカ人以上に"反省しない人類"かもしれないので……）

この本はビジネスに関連したテーマを主に扱っているが、ビジネス以外の場面でも応用が利く——例えば米国の外交政策を理解する時にも。特に最近、日本人が「反省しないアメリカ人」という言葉を聞くと、最初に頭に浮かぶのはジョージ・ブッシュではないだろうか。

例えば、米国がイラクへの戦争を開始した数カ月の間にサダム・フセインへとった対抗措置は、197ページに紹介されている progressive discipline（段階的懲戒、問題従業員への対応の仕方）そのものだ。相手の行動のどういったところが正しくないかをきちんと指摘して、改善する機会を与えるが、どこかで線を引いて期限を切る。そして、その期限までに相手が改善しないのであれば、予告した懲罰を実施する。それが問題を持つ従業員であれば、解雇される。サダム・フセインの場合、攻撃されたわけだ。

私は顧客に段階的懲戒の利用、そして期限までに改善を行わない従業員の解雇を推奨している。しかし、話が戦争となれば、まったく別である。ジョージ・ブッシュは国相手にも同じやり方をしなければならないと思っていたようだ。

★

　そして、ジョージ・ブッシュの持つ最も大きな問題は、彼の「反省のなさ」だと私は個人的に思っている。米国の新聞には「編集者への手紙」欄があり、読者からの投稿を載せているが、そこで彼への批判の言葉として最近頻繁に使われているのは hubris（慢心）や arrogance（ごう慢さ）である。彼は、明らかに自分の立てた外交政策がうまくいっていないのに、反省しないからだ。例えば、これを書いている2003年9月初頭には、北朝鮮への姿勢やイラクへの外国軍隊の派遣依頼について、今までの姿勢を180度変えようとしている。それは誰の目から見ても、これまでの方針がよい結果を出していないことを受けての行為なのに、まったく認めようとしない。ブッシュ政権下の政治家たちは、今までの方針の evolution（進化）だと言い張っている。この本で紹介しているように、彼らは自分を弱く見せないためにそう振る舞っているのだ。

★

　しかし、誤解しないでいただきたい。私は米国の文化の理解はジョージ・ブッシュの行動の理解への助けになると前述したが、彼がアメリカ人のすべてを代表しているという風に読者の皆さんに考えてもらいたくはないのだ。ご承知の通り、2000年の選挙では、国民の大半は彼に投票しなかった。さらにイラク戦争やその他のわがままな外交政策を見て、自分の国は最近、ばかなことをしていると恥じているアメリカ人は、私を含めて少なくない。ますます多くのアメリカ人が彼に対して disenchanted（幻滅）し、人気は下がっている。次の選挙では、彼は敗北を喫するかもしれない。

★

　そのため、ビジネスでアメリカ人とつきあいのある日本人にも、ブッシュ政権がすべてのアメリカ人の象徴ではないことを理解してほしい。米国は非常に多様な国なので、アメリカ人が皆同じ考え方をしているわけではないし、皆が自分の政府が正しいと思っているわけでもない。もしかすると、あなたのビジネスの相手であるアメリカ人もブ

ッシュ政権が嫌いかもしれないのだ。アメリカ人の考え方を理解しようとしている日本人にとって、この本が少しでも参考になり、それによって日米関係に少しでも貢献できれば嬉しい。

★

　本書の内容のほとんどは、ニューヨークで出版されている日本人駐在員向けの雑誌『U.S. Frontline』の連載記事をまとめたものである。長い間執筆の機会を与えてくださったこの雑誌に心から感謝する。そして、本書の出版を提案し、今回も増補改訂版の編集を担当してくださったアルクの英語出版編集部の永井薫さんにお礼を申し上げたい。いつもたくさんのことを教えてくださる私の会社の顧客の皆さまやセミナーの参加者の方々にも大きな感謝をささげたい。

★

　この本に関するご意見やご感想、または弊社が行っているコンサルティングやセミナーに関してのお問い合わせは、下記までいつでもお気軽にどうぞ。

連絡先：ジャパン・インターカルチュラル・コンサルティング
　　　　3023 N. Clark Street #880, Chicago, IL 60657 USA
　　　　電話 773-528-1370、ファクス 773-528-4233
　　　　メール　Rochelle@japanintercultural.com（日本語でどうぞ）
　　　　日本支店
　　　　〒270-2203 千葉県松戸市六高台5-36-3
　　　　電話・ファクス　047-389-8880

　　　　　　　　　　　　　　　　　　　　　　　ロッシェル　カップ
　　　　　　　　　　　　　　　　　　　　　　　2003年9月

CONTENTS

はじめに ── 3

第1章　アメリカ人には気をつけろ！

第1話　文句の多いアメリカ人 ── 12
第2話　反省しないアメリカ人 ── 17
第3話　褒められたいアメリカ人 ── 23
第4話　がまんできないアメリカ人 ── 32
第5話　締め切りを守らないアメリカ人 ── 38
第6話　権威に弱いアメリカ人 ── 44
第7話　批判に弱いアメリカ人 ── 52
第8話　おしゃべりなアメリカ人 ── 57
第9話　秘密主義のアメリカ人 ── 63
第10話　「ノー・プロブレム」と言うアメリカ人 ── 68
第11話　「can do」と言うアメリカ人 ── 73
第12話　「That's not my job!」と言うアメリカ人 ── 78
第13話　残業しないアメリカ人 ── 83
第14話　他部署からの依頼を軽んじるアメリカ人 ── 89
第15話　同じ失敗を繰り返すアメリカ人 ── 94
第16話　注文の多いアメリカ人 ── 99

第2章 こんな日本人と日本企業もコマリマス……

第 1 話　無口な日本人 —— *106*
第 2 話　会議が苦手な日本人 (1) —— *111*
第 3 話　会議が苦手な日本人 (2) —— *116*
第 4 話　日本語を話したがる日本人 —— *124*
第 5 話　すぐ転勤してしまう日本人 —— *129*
第 6 話　実現できない目標を立てたがる日本人 —— *134*
第 7 話　ミステリアスな日本人 —— *138*
第 8 話　早く決められない日本人 —— *145*
第 9 話　何でも「至急」扱いにしたがる日本人 —— *148*
第 10 話　日本語を教えたがらない日本人 —— *153*
第 11 話　板挟みになっている日本人 —— *158*
第 12 話　返事をよこさない日本の本社 —— *163*
第 13 話　米国市場に疎い日本の本社 —— *168*

第3章 アメリカ人も日本人もハッピーになれる人事管理法

第 1 話　「従業員手引き」は会社の法典！ —— *178*
第 2 話　米国流の人事評価制度 —— *183*

第 3 話	休暇中の従業員に仕事をさせるには？ —— 189
第 4 話	辞めさせた方がいいのかどうか —— 194
第 5 話	雇用訴訟は他人事ではない —— 200
第 6 話	セクシュアル・ハラスメントはどう防ぐ？ —— 205
第 7 話	従業員の給与設定で困ったときに —— 214
第 8 話	昇給を求める従業員への対応 —— 221
第 9 話	会社でセミナー代を払うべきか？ —— 225
第 10 話	従業員が組合を作ろうとしているのだが… —— 229
第 11 話	障害や病気を持つ従業員の処遇 —— 234
第 12 話	ワーキング・マザーを戦力にする —— 243
第 13 話	会社になじむ社員を採用するコツ —— 252
第 14 話	従業員の流出を防ぐには —— 257
第 15 話	社内募集制度に異議あり！ —— 263
第 16 話	「ハイブリッド文化」の提唱 —— 267

COLUMN

★ Thank you. 以外の褒め言葉いろいろ ……………………… 29
★ 郷に入っては郷に従……うな？ ……………………………… 49
★ アメリカ人との会議で口を挟む術 …………………………… 122
★ 職場で世間話をしよう！ ……………………………………… 143
★ あなたの英語、ここが危ない！ ……………………………… 172
★「年だから英語習得が遅い」はウソ！ ……………………… 210
★ 危険な橋をドンドン渡れ！ …………………………………… 239

Chapter 1

第 1 章

アメリカ人には気をつけろ！

ふだんはとてもいい人なのに、なぜか時々、理解不能なことを言ったり、行動をとったりするアメリカ人。例えば、絶対できそうにないことを「できます！」と言ってみたり、依頼した仕事を無視したり。実はそれは、その人の人間性の問題ではなくて、国民性がそうさせているのかもしれません。

第1話
文句の多いアメリカ人

何でもかんでも上司任せのアメリカ人社員のあつかい方

Q あるアメリカ人従業員は、上司の日本人マネージャーに文句を言いっぱなし。彼に言わせると、職場の空気（the air quality in the office）から経営戦略（corporate strategies）まで、会社のすべての面に欠点があるようだ。周りの日本人駐在員たちは、「この会社がそんなにいやだったら、辞表を出せば？」と思うほど。しかし、辞めるどころか、仕事では大活躍しているのだ。彼が不平不満を言わなくなるようにするにはどうすればいいだろう。

★従業員が解決する日本、上司が解決する米国

アメリカ人は問題点を上司に指摘することが多い。そしてまた、明らかにされた問題についての対処法も、日米間で差がある。日本では部下が率先して、必要と思われる解決案を提案し、上司の意見を聞く。アメリカ人は指摘された問題を解決するのは上司の役割とする。上司は問題を把握し、対策を練って、部下にどうすればよいかを指示する。これは、「経営者や上司は、彼らの部下より知識および判断力が優れているため、重要な決断は任せたほうがよい」という能力主義の考え方に基づいている。実際に仕事に携わり、勝手がわかっている従業員に問題解決を任せてしまう日本の「現場主義」（the people who are actually doing the work are given wide latitude to solve problems）とは正反対だ。

　また、アメリカ人は、権限と責任（authority and responsibility）を明確にしたがる。個人が責任を分担することにより、その責任の範囲内で自ら意思決定をすべきだと考えている。例えば、ある商品の購買が自分の責任であれば、その商品をどこからいくらで買うかは担当者が自分で決める権利がある。しかし他の従業員が自らの責任において遂行している業務について口を差し挟めば（put in their two cents' worth）、その人の権限を侵す（step on their toes）ことになる。

　従業員個人の権限に含まれないことや複数の従業員に影響がおよぶことは、上司が解決しなければならない。この考え方は日本の経営には浸透していないため、前述のとおり、誤解の原因になりがちだ。日本では、従業員自らが問題解決のための提案をすることが奨励されているため、アメリカ人従業員が解決のための提案もせずに問題点のみ指摘すると、日本人の目には「文句ばかり言っている」と映ることが多い。一方アメリカ人は、上司に問題を訴えることにより、その問題を解決するためのチャンスを提供していると考える。だから上司がすばやく反応しないと、アメリカ人は「この上司は部下に関心がない」と思うのだ。

★がまんさせるより、すばやい決断を

　日本の文化は「がまん」（being patient, putting up with things you don't like）を高く評価する傾向があるようだ（第1章第4話を参照）。一方 instant gratification（即時に満足を得ること）を大切にしている米国社会では、問題はすばやく解決

するにかぎる。リーダーは有能であるほど、早く決断を下し、変化に対応する。これは「ジョン・ウェイン方式」(John Wayne style) とも言い、quick on the draw、fast out of the holster（ピストルはすばやく抜く）を重視する。つまり、部下の問題指摘に対する「今考えているので、もう少しがまんしてください」といった発言は、アメリカ人には納得しがたいものなのだ。

★耳を傾けることが解決への第一歩

文句の多い従業員がいると、日本人上司は疲れてしまい、耳をふさぎがちになる。しかしこれでは解決にならないし、アメリカ人はますますいらだってしまう。**まず、その人の意見に耳を傾けることが大事だ。**二人で会議室で話したり、一緒にランチを食べながら相談したりするのもよい。彼らの言い分をしっかり聞くだけで、問題の半分は解決したと言える。また、この「ぶつぶつ文句を言っている」従業員は、実は貴重な情報を提供していることも多い。ちゃんと聞けば、勉強になる可能性は大きい。問題意識を持っている従業員は会社の改善を願っているわけで、そうでなければ苦情を言うことにエネルギーを費やしたりはしないからだ。

次のステップは指摘された問題を解決すること。解決方法を従業員に聞くことも大切だ。**If you were in my position,** what would you do about this problem?（もしあなたが私の立場にいたら、この問題をどう解決しますか）のように尋ねて、従業員に管理職の立場で考えさせるのもよい。そうすると、問題解決のために常に上司に依存することはなくなるだろう。**部下が**

指摘した問題がどうしても解決できない場合、あるいは解決に時間がかかりそうな場合は、その理由（何が障壁か）を率直に説明しよう。指摘が無視されたと思われるよりはよほどよい。

★従業員が自分で解決策を探せるように

　従業員からの不平不満に対する長期的戦略として、経営者が従業員の声を聞くためのシステムを作る必要がある。そして経営者のところに問題を持ち込むだけではなく、従業員に自分で解決方法を見出すチャンスも与えなくてはならない。一般の米国企業では、上司が問題を解決するトップ・ダウン式経営法（top-down management style）が浸透しているが、一部の進歩的な企業では、問題解決の責任を従業員に与え（empowerment：エンパワーメント）、よい結果を生んでいる。

　投書箱（suggestion box）を設置し、従業員に現在の問題とそれに対する解決案を出してもらうのもよい。経営者はそれをリビューして、採用案を提出した従業員には、賞金や賞品を出す。あるいは定期的に相談会（focus group）を行うことも効果的だ。従業員を集めて、問題解決に関するブレーンストーミング（brainstorming：他を批判することなく自由にアイデアを出し合う）をすることにより、従業員と経営者の間の対話を活発にする。タウンミーティング（town meeting：町内会）の雰囲気を作り、意見交換の場とするのだ。また、特に複雑な問題の場合には、その分析・対策のために、特別委員会（task force）を設置するのもひとつの手だ。

　アメリカ人の多くは、問題解決までの過程を理解しにくく、

自分のかかわり方がよくわからない場合にいらだちを感じる。日本企業は米国企業と違って責任分担が不明確なため、アメリカ人従業員は自分が無力に思えてしまうのだ。彼らを会社の経営プロセスに参加させ、権限と責任を与えれば、問題を自発的に解決する構造ができ、「文句」の数も自然に減るだろう。

第1章  アメリカ人には気をつけろ！

第2話
反省しないアメリカ人
無意識のうちに自己弁護してしまう国民性

Q 「アメリカ人は反省しないから問題の分析ができない。僕らは問題の根本的な原因を追究して、同じ問題が再度起こらないようにしたいが、問題が指摘されるとアメリカ人は自己弁護ばかりする。そんな態度をとられると何も改善できない」とは日本人駐在員の悩み。アメリカ人に問題の原因を分析させ、自分の誤りを認めて改善してもらうためには、何をすればよいのだろうか。

上記のような不満は、さまざまな分野で活躍する在米日本人駐在員から頻繁に聞かれる。製造現場の技術アドバイザーから販売チームを管理するセールス担当マネージャー、果ては社長まで。これは米国の文化と仕事の進め方が、日本のそれと真っ向からぶつかっているせいだと言える。

アメリカ人は反省していないように見えるが、まったく反省しないわけではない。自分が反省していることを表に出すことに抵抗を持っているから、反省していると口にしないだけだ。それでは駐在員としてどうやってアメリカ人に接していけばいいのか。

★謝ることを期待しない

　アメリカ人には謝る習慣がない。彼らが謝るのを待っていたら、永久的に待つしかないので、さっさとあきらめて下記に説明されているようなやり方で、実際の問題に取り組んだ方がよいだろう。アメリカ人部下に謝らせることにエネルギーを使うのは無駄なばかりか、双方の悪い感情を引き出すことになりかねない。

★攻撃的な雰囲気を作らない

　アメリカ人は、責められると自己弁護を始める習慣があるので、相手にそう感じさせるような言い方を、まずは日本人が避ける必要がある。実際のところ、日本人の態度が、アメリカ人の目に攻撃的に映る場合が少なくない。日本では、上司に対しては丁寧語で話すだろうが、部下に対しては必ずしもそうではない。特にミスをした部下に対しては叱責したり、荒っぽい表現を使ったり、時には怒鳴ったりすることもあろう。**アメリカでは平等意識があって、上司にも部下にも同じように丁寧に話さなければならない。**日本人上司が必要以上に厳しい態度に出たり、荒っぽい言葉遣いをしたりすると、問題を悪化させるだけだ。

　英語では、「You catch more flies with honey than with vinegar.（ハエは酢よりも蜂蜜に引き寄せられる——穏和な態度がよりよい結果を生む）」ということわざがあるが、人の管理にも同じことが言える。穏やかな言葉遣いをすれば、アメリカ人部下に耳を傾けてもらい、業績改善に協力してもらうことができる。もちろん、問題がある場合、改善の必要性をはっきり

伝えるのは大事だが、相手の自尊心を傷つけてはいけない。「明確に言っておく」ことと「叱る」ということの違いを認識する必要がある。

★「問題を誰かのせいにしようとしているわけではない」ということを強調する

　日本人上司が怒鳴っていなくても、アメリカ人は「自分が責められている」と感じる可能性がある。そのため、そんなつもりはないことを伝えて、相手を安心させる必要がある。これには、二つの方法がある。

◎問題を指摘するときに、you を使わない。あるいは you の代わりに we を使う。これは、「you」を使うと、問題が完全にその人の責任であるという雰囲気になるからである。we あるいは let's を使えば、自分は上司として問題の解決に手を貸し、部下の努力をサポートするという気持ちが伝わる。アメリカ人の耳には、*You* have a problem. と *We* have a problem. では随分違って聞こえるのだ。

◎問題の責任者を探し出そうとしているのではなく、問題の原因を追究しているのだと言えばアメリカ人は安心する。そのために、次の(イ)と(ロ)の表現リストから一つずつ引用して説明すれば効果的である。

(イ)
・I'm not trying to **put the blame on** anyone.（問題を誰かのせいにしようとしているわけではありません）

・I'm not trying to **point fingers**. (責任者を探し出そうとしているわけではありません)
・I'm not **looking for a scapegoat**. (問題のすべてを一人のせいにしてその人を犠牲者にするつもりではありません)

(ロ)
・I just want to **figure out why this happened**. (なぜこういうことが起こったかを解明しようとしているだけです)
・I'm just trying to **get to the root of the problem**. (問題の根本を捜そうとしているだけです)
・I just want to **understand what happened**. (何が起こったかを理解しようとしているだけです)

★前向きな表現を使う

　責任者の洗い出しが目的のように思えれば、アメリカ人は自己弁護をするが、解決対策を論ずるならば、彼らは積極的に追求する。ここでも、問題を完全に部下任せにするのではなく、**Let's find a way** to solve this problem. (この問題の解決策を捜しましょう) や **Let's think about** how to improve this situation. (この状況を改善するための方法を考えましょう) と働きかけよう。文の最後に「together」を付けると、一緒に取り組むつもりだということが強調されるので、なおさらよい。

　日本の「反省」は、過去のことを考えて分析するニュアンスが強いが、アメリカ人は将来を大切に考える。したがって、前向きな表現を使えば、アメリカ人の協力を得るのにとても効果的である。例えば、

・Let's make a plan to ensure that **this same problem doesn't happen again**.（同じ問題が再度起こらないようにするために、計画を練りましょう）
・Let's think about how we can **avoid this kind of situation in the future**.（今後このような状況をどういうふうに避ければいいか考えましょう）
・I know that this team can do better than this. Let's **work toward better results next time**.（このチームならさらなる成果を上げられると信じています。次回よりよい成果を出すために一緒に努力をしましょう）

　以上は有効な言い方である。この表現はアメリカ人の耳にとって冷静かつ計画的な表現のように聞こえるので、彼らはすぐ応じるだろう。

　もちろん、対策を練る上で、今までの問題の原因と what we can do better on in the future（今後改善できること）という話は避けて通れないが、この場合、論点は今後どうするか、というところにあるので、アメリカ人はそれを居心地の悪いこととは考えない。

★失敗は成功の母であることを強調する

　ほとんどのアメリカ人は、失敗したときこそ学習のチャンスだと思っている。そこで、この信念に基づいた表現を使えば、アメリカ人は納得する。例えば、What can we learn from this?（われわれはこのことから何を学べるか）や Things didn't turn out as well as we wanted. Now we need to find some lesson that we can apply the next time.（思ったほどうまく

いかなかった。次回に応用できる教訓を見つけなければならない）など。

★問題分析は自然と身につくものではない

　問題の分析は日本では普通になされていることなので、多くの日本人は、できてあたりまえのように感じるだろう。しかし米国では、問題分析方法は、従業員に教える必要がある。会社の教育プログラムの一環としてとり入れればよい。

第1章 アメリカ人には気をつけろ!

第3話
褒められたいアメリカ人

彼らは「精神的報酬」を求めている!

Q 日系企業で働くアメリカ人と話をすると「上司からの褒め言葉がまったくない」(My manager never gives me positive feedback.)、「会社はわれわれの努力を認めていない」(The company doesn't appreciate our hard work.)、「頑張っても感謝されない」(I don't get any thanks even when I work hard.) などという不満をよく聞く。日本人上司は決して彼らの業績を評価していないわけではないのだが、この誤解を解くためにはどうすればいいのか。

★日本人はなぜ褒めないか

この場合、アメリカ人従業員は日本人の上司が自分たちの努力に気づいていないと思っている。そうではないことを示すためには、感謝やねぎらいの言葉をかける必要がある。しかし、褒めなければいけないと頭でわかっていても、その実用性を理解し、かつ実践するのは難しく、抵抗があるものだ。職場にかぎらず、親子関係でも日本人は「褒め下手」と言われる。これはなぜなのだろうか。

ひとつには、多くの日本人に完ぺきを求める傾向が強く、その結果、欠点のあるものを褒めたくないという気持ちがあるように思われる。アメリカ人の場合は、欠点があっても、他によ

い点があればそれを指摘しようとする。小さい頃から家庭や学校、そして職場で、常に褒められ続けているので、褒め言葉の少ない日本人上司の下で働くとショックを受ける場合があるのだ。

　もうひとつの理由として、日本の終身雇用制度下では、従業員と会社の関係は安定しているため、言葉による感謝の必要性が薄いということも考えられる。「もし褒めてしまったら、図に乗って今までほど頑張らなくなるのでは」と言う日本人上司もいるほどだ。

★褒めることの意義

　米国では、褒めるとはすなわち「精神的な報酬を与える」(a reward for the spirit) ことで、相手の能力ややる気を高める効果があると考えられている。こういった考え方の裏には、「正の強化」(positive reinforcement) という原理がある。例えば犬のトレーニングを考えてみよう（人間と犬を比較するのはよくないが、最もわかりやすい例である）。米国では犬が命令に従うと、必ず Good boy! などと言って褒め、スナックをやったりする。つまりよい行動に対して「ほうび」を与えるのだ。スナックがほしい犬は、またよい行動をしようとする。これは人間も同じことで、誰でも「ほうび」をもらえば喜び、その後も褒められるための努力をする。逆に、褒められなかったら、「私の仕事を上司は評価していない」とか「この会社に私の将来はない」と思うかもしれない。**アメリカ人はお金のためだけに働くというイメージが強いかもしれないが、実は感謝や褒め言葉などの精神的報酬をとても大切にしているのだ。**

★いつ褒めるか、どこで褒めるか？

それでは、うまい褒め方を考えてみよう。

・すぐ褒める
従業員がよい仕事をした時、それをすぐその場で、言葉で認めることが大事である。Good job!、Nice work! や Thank you for your hard work.（すべて「よく頑張ったね」の意味）などの簡単な表現で十分だが、評価している行動は何なのかについて具体的に言えば、なおよい。このような褒め言葉をしょっちゅう使っていれば、その積み重ねがプラスの印象を与える（職場で役立つ褒め言葉は29ページを参照のこと）。

要するに、万一気づいていたとしても日本人同士であれば特に口にしないことを、英語では必ず言葉にするのである。部下に対してこんなに丁寧に話す必要があるのかと疑問に思うかもしれないが、米国ではごく普通のことだ。命令口調で厳格なイメージを与える上司は時代遅れだと思われる。

・言いにくいことを伝える前にまず褒める
また、否定的な情報を伝える時にも、肯定的な情報を織り込むとずっとうまくいく。映画『メリー・ポピンズ』の歌の題名にもなっていることわざ A spoonful of sugar helps the medicine go down.（砂糖と一緒にすれば、薬は飲みやすくなる）の通り、何かひとつを褒めれば、やっていることのすべてが批判されているわけではないとわかるので、相手は安心する。否定的な情報ばかりを与えると絶望して、くびになるかもしれな

いと思い悩む可能性があるので、注意が必要である。例えば、このように言うとよいだろう。**I really appreciate** all the hard work you've done on this report. Overall, it looks good. **However,** there are a few sections that need further fine-tuning.（レポート作成に力を注いでくれて本当にありがとう。全体として、よくできているようだね。ただ、微調整が必要な項目が2、3カ所あるようだが）。

・他人から聞いた褒め言葉を伝える
顧客や社内の他部署の人や幹部などから、自分の部下の仕事について褒められたら、本人にすぐ伝えよう。例えば、Yesterday, **the branch manager told me that** he was very pleased by the many new customer relationships our section has developed.（きのう支店長と話したが、われわれの課が開拓した新規顧客について、とても満足しているとおっしゃってたよ）は、社内の人の意見の伝達例である。顧客の意見の場合は、**Thank you for** making such good shipping arrangements for these products. Since you were able to get the products there three days earlier than expected, **the customer was very pleased.**（商品発送をうまく手配してくれてどうもありがとう。予定より3日も早く到着して、お客さまは大変喜んでいらしたよ）のように言える。

・チームに対する褒め言葉
日本人はチームワークを大事にし、特定の個人を褒めることをあまり好まない傾向も見受けられる。それならば、個人に対してではなく、グループ全体（チーム、課、部、会社全体）に対

して褒め言葉を伝えることも効果がある。朝礼などが適切な場であろう。

★上司はチアリーダー

「アメリカ人従業員を褒めたら、昇給を要求されないだろうか」と悩む日本人管理職も多いようだ。しかし、答えは「ノー」である。米国企業では上司は皆を鼓舞するチアリーダー的存在であるべきとされているので、従業員は褒められたことを特別なこととは考えない。特に、その褒め言葉を日常的に多くの人に対して使っていれば、そのような誤解は生じるはずがない。

なお、この項で薦めている「褒め言葉」は正式な「実績評価」ではない。実績評価というのは、決まった時期（普通年に1、2回）に特定の書式を使って行うもので、この正式な評価だけが昇給と関係してくる。したがって、日常的な褒め言葉はやる気を起こさせるための一手段であって、昇給の約束にはならない。ただし、日々の褒め言葉に加え、会社の定期的な勤務評定をする時にも、従業員に対する感謝を伝えることはもちろん大切である。ちなみに、アメリカ人1万人を対象にしたある調査によると、「会社に最も期待していることは？」という質問に対し、「仕事の成果を感謝される」というのが「高い給与」を抜いてトップの回答であった。

★アメリカ人が最も知りたいのは

アメリカ人は「過剰な褒め言葉」（ego stroking）を求めているわけではなく、自分の仕事が評価されているのだという安心感を求めている。褒め言葉を通して彼らが確認したいのは次の

三つだ。

・自分の仕事のやり方が正しいかどうか。上司が満足しているかどうか。
・上司が自分の努力や実績、成果に気がついているかどうか。
・自分は会社にとって大切かどうか。自分の存在と努力は会社にとって意味があるのかどうか。

　最近、当社のセミナーに参加した日系自動車部品メーカーのアメリカ人従業員は、「むやみやたらと褒めてもらう必要はないが、自分の仕事の進め方が正しいかどうかは知りたい。正しいことをやっている時に、上司が『正しい』(You're doing it correctly.)と言ってくれれば、それで十分です。そういう言葉がないので、私の仕事のやり方は大丈夫なのか常に心配なのです」と話している。

Thank you. 以外の褒め言葉いろいろ

　前項でも説明したとおり、米国社会では、一緒に働いている人（部下あるいは同僚）のよい行為に対しては、感謝の気持ちを言葉で伝えるのが普通である。感謝されないと、自分の仕事は認められていないと誤解し、ヤル気をなくし、ひいては職場環境も暗くなってしまう。こんな事態にならないよう、感謝の気持ちをきちんとタイミングよく伝えよう。下記に役立つ表現を紹介する。

基本的な感謝のフレーズ ★
これだけ覚えておけばひとまず安心

I appreciate . . .（…をありがとう／…を評価します）
Thank you for . . .（…を感謝します）
I noticed that . . .（と気づきました）

もう一歩進んだ感謝のフレーズ ★★
バリエーションがほしいときに使ってみよう

Thank you for helping with . . .
（……を手伝ってくださって、どうもありがとう）

Thank you for doing a good job on . . .
（……を頑張ってくれてありがとう）

Thank you for taking care of . . . so well.
（……を本当にうまく処理してくださってありがとう）

Thank you for handling . . . so skillfully.
（……を本当にうまく処理してくださってありがとう）

Thank you for taking the time to help me.
（お手伝いに時間を割いてくれて、どうもありがとう）

COLUMN

I appreciate your efforts on . . .
(……に対するあなたの努力に感謝しています)

You really helped me out. Thank you.
(本当に助かりました。ありがとうございます)

What you did was a big help.
(あなたがしてくれたことは大きな助けになりました)

It was helpful when you . . . (……をしてくれて役に立ちました)

It made things easier for me when you . . .
(……をしてくれて助かりました)

もっと具体的に言いたい場合 ★★★
アメリカ人は具体的な説明を好みます

I notice that you always make useful comments during meetings. Your ideas are helpful to all of us.
(会議中にいつもいい意見を出してくれているね。君のアイデアは皆にとって役立っているよ)

Thanks for working so hard on this project.
(このプロジェクトのために頑張ってくれてありがとう)

I can see that you've put a lot of energy into this.
(この仕事に多大なエネルギーを注いでくれていますね)

I can see that you've been staying late to help meet the deadline. I appreciate that.
(納期に間に合わせるために残業をしてくれてますね。どうもありがとう)

I like the way you solved that problem.
(あの問題を解決する方法はよかった)

You organized this report well.
(このレポートはよくまとまっていますね)

There is a lot of helpful information in this report.
(このレポートの情報は非常に豊富で役に立ちます)

I noticed that you are making fewer mistakes than before.
(以前と比べてミスが減りましたね)

It's helpful that the area around your machine is always neat.
(あなたの機械の周りはいつもきれいで助かります)

You're on the right track. Keep up the good work!
(いい調子ですね。頑張ってください!)

第4話

がまんできないアメリカ人

職場改善の提案はいいが、そうしょっちゅうでは困ります

Q 「アメリカ人部下はいつも職場を改善する方法を提案してくる。それはありがたいが、時々とても実現不可能な提案もある。予算がない、あるいは本社の承認を得られない、社の方針と合わないなどそれぞれに理由がある。しかし、一度"no"と言っても納得せず、何回も同じ問題提起をしてくるので、いらいらさせられる。職場のすべての不都合や不合理を改善することはできないと理解してもらいたいのだが」。

★アメリカ人は「がまん＝ギブアップ」と考える

　日本ではがまんは美徳だが、アメリカでは好ましくない状況をがまんするのはあまりよくないと考えられている。アメリカの文化は不可能なものに対して挑戦し、進歩を追究する——つまり、アメリカ人の考え方では、がまん＝ギブアップなのである。ギブアップせずに頑張り続けろ、ということわざや表現も多い。例えば、Where there's a will there's a way.（意志あるところに道は開ける）、God helps those who help themselves.（天は自ら助くるものを助く）、If at first you don't succeed, try, try again.（最初の試みが成功しなくとも、何回もトライし続けよ）、Don't take "no" for an answer.（ノーという答えに納得するな）、など。たぶんこれは、われわれの祖先であるアメリカへの移民者が、厳しい状況下で、こう自らに

言い聞かせていたのであろう。

　アメリカ人は基本的に皆、こうした考えが心の奥底にあるので、**重要な悩みや要求があったら、権力者が耳を傾けるまで何回でも提起するという習慣がある**（なお The squeaky wheel gets the grease.［きしる車輪は油を差される］という表現もある。その真意は、声を出さないと、自分が求めているものは来ないということである）。

　そうした行為に対して、アメリカ人を管理する日本人はうんざりしてしまい、次第に耳を傾けなくなる。しかしアメリカ人は、部下の悩みに対して responsive（すぐに反応する）でない人は上司として評価しない。彼らの考え方では、マネージャーの役割の一つは、部下の問題を解決し、必要であればその解決策を得るために、他の部署と部下の代わりに交渉することだからだ。こうすることを、fight for the interests of his employees（部下の利益のために戦う）と言う。こうした期待を持つアメリカ人にとって、幹部や本社に対してのみ従順な上司は理解しにくいのだ。

　だからといって、アメリカ人従業員の繰り言にいちいち耳を貸していては、日本人マネージャーは幹部や本社の制限とアメリカ人従業員の主張の間に板挟みになってしまう。こんな場合には、どんな対応をすればよいか。次ページにいくつかの提案をしてみたい。

★「私はやりたいけど、会社が……」と説明しよう

　米国の企業においては、マネージャーは自らの決裁でかなりの額の経費を動かせる。しかし日本の組織では、何か決断を下す時には、必ずたくさんの人の同意が必要である。こういう**日本企業の在り方を理解していないアメリカ人は、部下の提案に対してすぐ動かない上司のことを、自分に協力したくないのだ、と誤解しがちである。**上司の権限が組織の中で制限されていることを知らないからだ。そういう場合には、下記のような文章を利用できる。

・I completely sympathize with you, and I think that your suggestions have merit. Unfortunately, however, **there's only so much I can do**. （あなたの意見にはまったく同感ですし、メリットがあると思います。しかし、残念ながら私ができることには限界があるのです）

・This isn't a situation where I am able to make the decision by myself — it's a matter of **convincing others** too, but that's easier said than done. （私一人で決断ができる状況ではなく、他の人も説得せねばなりません。言うは易し行うは難し、なのです）

・It's important for you to realize how decisions are made in this company. **I don't have a lot of authority** to decide things on my own. It is always necessary for me to **get approval from higher levels** in the organization. （この会社でどのように意思決定がなされるか理解していただきたい。私自身は物事を決定する権力はあまり持っていないのです。常に

組織の上層部から承認を得る必要があるのです)

・If it were only up to me, things would be different. But they aren't. In this type of matter it is necessary for **other layers of the organization to be involved**.（私一人で決められることであれば事情は違うのですが、そうではないのです。こういった案件の場合、組織の他の層がかかわる必要があるのです）

★説得術いろいろ

前記の説明に加え、以下のような行動もアメリカ人従業員を説得するのに役立つはずだ。

・理由を説明する
自分の力の限界を説明したあとに、なぜこの提案が承認されないか、なぜ皆の賛成を得られにくいか、どんな障壁があるかを論理的に説明する必要がある。詳しければ詳しいほどよい。きちんとした説明は、米国では相手に敬意を表す方法の一つである。

・従業員の意見・悩み・依頼を幹部に伝える・知らせる
これはマネージャーとしての最低限の責任である。提案事項を自分の机上にとどめておくのはよくない。上層部に伝えるが、それによってすぐすべてが解決すると過剰な期待を抱かせないために、以下のような言い回しは有効だ。
I'll make sure that **your concerns are communicated to management**, and I'm going to recommend that this issue be addressed as soon as possible. However, realistically

it's going to take some time before any change can happen.（あなたの懸念については必ず幹部に伝え、できるだけ早期に対応するように推薦します。しかし、現実的には、何らかの改変が行われるまでには多少時間が必要です）

・問題解決の方法を従業員に一緒に考えてもらう

アメリカ人は問題解決をするのは上司の役割であると思っているので、問題提起だけをする場合が多い。そのため、彼らにも解決策を一緒に考えてもらうよう奨励した方がよい。例えば、以下のような表現は説得力がある。

As you may realize, the stumbling block here is getting the budget. **I'd like you to think** creatively about how we can address this problem without spending too much money.（お気づきかもしれませんが、ここで障壁になっているのは予算の調達です。お金をあまり使わずにこの問題をどう解決できるか、あなたにも知恵を絞っていただきたいのです）

★がまんが限界を超えてしまうと

　以上のような表現で説得すれば、ある程度、アメリカ人は納得してくれるだろう。しかしむろん、がまんにも限界はある。流動的な米国の労働市場では、がまんすることはそれほど意味がない。日本の終身雇用制度の下では、今の状況が好ましくなくとも、時間がたつことによって、部署異動などで状況が改善することもあろう。また労働市場も不完備なため、辞めたくても他社に移る機会は少ないとも言える。

　しかしアメリカ人は、有能な者にはいつでもたくさんの選択

肢がある、と考えている。もし今の会社・職場に不満があって、会社がそれを改善しなければ、いつでも他社に移ることができると考えているのだ。転職すれば自分の置かれている状況を改善することは可能なので、改善の遅い会社でがまんするのは論理的ではない。

　したがって、米国では従業員の依頼・悩みにすぐ対応しなかったら、アメリカ人従業員は辞めるしかないし、最も優秀な人が先に辞めてしまうだろう。彼らを定着させたかったら、彼らのニーズに対して敏感であるべきなのだ。「悪い状況に耐えてください」などという理屈をアメリカ人は納得しない――去ってしまうだけだ。

第5話
締め切りを守らないアメリカ人

「締め切り」と deadline は似て非なる言葉

Q 「一緒に働いているアメリカ人は締め切りに非常にルーズだ」というクレームをよく耳にする。依頼時に締め切りについてはっきり言ったのに、締め切り当日、本人に連絡をとるとまだ頼んだ仕事が終わっていないことが多い。また、締め切りが迫っているのに、本人は残業もせず、5時にきちんと退社しており、それも腹が立つ、とのこと。アメリカ人に締め切りをきちんと守らせるには、どうすればいいのだろうか。

★「締め切り」という言葉のニュアンスは、日米で異なる

日本語の「締め切り」という言葉と、英語（米語）の deadline という言葉は、そもそもニュアンスが違う。日本では、締め切り、と言えば堅固で動かしようのないもので、その仕事は必ずその日までに終わっていなくてはならないはずだ。締め切りに万一間に合わなかったら、何か望ましくない結果が引き起こされる、と誰しも考えがちだ。

しかし deadline には、「固く守られるべき」ものと「あまり固く守らなくてもよい」ものがある。特に、後者の場合には、守ることが望ましいが、それに間に合わなかったからといって、特に悪い事態が起きるわけではない。日本式の"締め切り"なのか、あるいはアメリカ式の deadline なのかを明確にしないと、ア

メリカ人は後者と受け取りがちだ。

　したがって、「固く守られるべき」締め切りの場合には、そのことを依頼時にはっきりと伝える必要がある。例えば、
This is a deadline **that absolutely has to be met**.（これは絶対守らなければならない締め切りである）
It's essential that we meet this deadline.（締め切りに間に合わせるのは不可欠である）
のように。

　また、アメリカ人を説得するためには、理由をきちんと述べることが重要なので、上記の文章に because . . . と続けて理由を言えば、インパクトは非常に強くなる。例えば
. . . because the customer needs our parts in order to start production of the product.（商品の生産を始めるために顧客はわれわれの部品を必要としているから）
. . . because if we are late then the entire process will be delayed.（もしわれわれが遅れたら作業工程全体が遅れてしまうので）
というふうに。このように依頼するときに締め切りの重要性を強調すれば、相手がその仕事を時間通りに終了する可能性はかなり高くなる。

★相手の立場を考えて締め切りを設定する

　依頼をする日本人が非常に多忙のため、あるいは相手のアメリカ人従業員がどういう仕事をしているかよく把握していないため、いきなり無理な締め切りを与えてしまうということもあ

る。これは自分の依頼した仕事以外にはその従業員は何も重要な仕事をしていないだろうという考えの表れのように見えるため、人によってはそれを侮辱と感じるかもしれない。

　こうした、不用意な衝突を招かないよう、何かを依頼する時には、他にも重要な仕事があることを認めたうえで、なおかつ自分の依頼をちゃんと締め切りまでに終えてほしいと確認する。例えば、

I realize that **you have many responsibilities**. Since this is very important, I really appreciate your finding time for it. **Can you give me your assurance that** you will be able to get it done on time?　（あなたがたくさん仕事を抱えていることは知っていますよ。［が、］これ［＝私が依頼する仕事］はとても重要な案件なので、時間を割いていただけることに本当に感謝しています。締め切りに間に合わせることを確約していただけますか？）

このように言えば、丁寧だし、相手の約束も得られる。

★相手の上司を通して頼む

　日本人は普通、担当者に直接、仕事を依頼しがちだ。米国の場合は上司が従業員の仕事の優先順位を決めるため、上司ではない人から来る依頼を軽んじる場合もある。またchain of command（指示経路）が重要なので、上司を通さないと正当性に欠ける依頼だと受け取られるかもしれない。したがって、**依頼が重要であればあるほど、担当者の上司にまずは頼むか、あるいは自分が担当者に依頼するつもりだということを、上司に先に知らせておくのがよいだろう。**

★締め切りの確認をする

「子供じゃないんだから、一回依頼すれば、何度も確認する必要はないんじゃないの？」という疑問を持つ日本人は少なくないだろう。しかし、米国では、**再確認をしないということは、それほど重要な締め切りではない、と思われる危険性が高い**。職場がますます忙しくなり、competing priorities（どちらを優先すべきか判断しにくい状況）の中で、自分の依頼が見過ごされないように気をつける必要がある。

しかし、その再確認がしつこすぎたり、強すぎたりすると、反発を招く場合もある。そのため、例えば、
Are we still on track to meet the deadline for …？（……の締め切りに間に合うよう順調に進んでいますか）
What's the status of your work on the XYZ project?（XYZプロジェクトの進み具合はどんな状況ですか）
このくらいで十分だ。また「あなたが締め切りに間に合わないだろうと思って確認している」というような相手を責める声のトーンにならないようにすることも大切だ。また、相手とたまに言葉をかけあうような間柄を保っていれば、こうした再確認も、軽い感じで、さりげなく会話の中に入れられるだろう。

★それでも締め切りに間に合わなかった時に──自分の苦境を説明する

上記のステップを踏んでも、相手が締め切りを守らなかったとしたら、あなたはどう対応すればいいのだろうか？　日本人の多くはたぶん、相手に対する失望や今後の仕事の遅滞につい

てははっきりと伝えないで、心の中にいらだちを抱くだけだ。しかし、ここで相手に自分の感情を伝えなかったら、今後も同じ相手に同じ問題を起こされるかもしれない。「締め切りに間に合わなかったが、彼は何も言わなかった。実際はそんなに大切な締め切りではなかったのでしょう」と思われる可能性があるからだ。

前にも触れたが、米国の文化では言葉の形で伝えられたものがもっとも印象に残る。締め切りを守らなかった結果として自分（あるいは顧客）が被った迷惑を、言葉で相手に伝えるべきである。そうすれば、なぜこんなに締め切りが大切なのかを相手に理解してもらい、反省させることができる。例えば、

I was really disappointed that you didn't meet the deadline on this project. I had been counting on you. Because we were late, the customer is very upset and we may lose the account. （このプロジェクトの締め切りを守ってもらえなくてとても失望しました。信頼していたのに。顧客はひどく立腹しているので、当社との取引は取りやめになる可能性もあります）このように、きちんと状況を説明するのがよい。

また、同じ相手が何回も締め切りを守らないということであれば、それは本人の仕事のやり方に問題があると言えるので、その従業員の上司に相談した方がよい。例えば、

As you may be aware, Steve **has missed several deadlines** I have given him. As Steve's boss, I think you should know about it. **Can you give me any suggestion** about how we can improve this situation? （ご存じかもしれませんが、スティ

ーブは私が与えた締め切りを何度も破っています。あなたは彼の上司なので、このことはお知らせしておいたほうがよいと思いまして。この状況を改善するために何かよい考えはありませんか？）
こういうふうに言える。こういった一言をきっかけに、よい解決策が出てくることもあるだろう。

第6話
権威に弱いアメリカ人
直属の上司の頭越しに訴えてくる従業員をどうするか

Q 自分の部下の部下があなたに問題を持ち込んできた。彼によれば、直属の上司とは相談してみたが、意見が食い違い、問題は解決されていないとのこと。それで、その上司の「頭越し（going over his head）」に訴えてきたのだ。一般的にアメリカ人は、直属の上司を「頭越し」することを、日本人よりも頻繁に行う。このような場合、あなたはどう対処したらよいか。また、なぜ彼らはこのような行動をとるのだろうか。

★地位のある人は問題を解決する責任がある

アメリカ人には、上の立場にある人ほど、その立場を利用して、部下の問題点を正す努力をすべきだという考えがある。そのため、自分の上司よりさらに上の上司に訴えれば、必ず問題解決につながると信じている。

日本の場合はどうだろうか。私が日本で働いていた時に、他の課にもう一人アメリカ人女性がいた。彼女は上司とうまくいかず、課の活動から外された。上司との関係を改善しようとさまざまな方法を試みたが、無視されるか衝突に終わるかのどちらかだった。彼女はがまんの限界に達し、「とても困っているので、最高責任者である国際担当副社長に話すしかないと思います。日本語があまりうまくないので通訳として一緒に来てもら

えませんか」と私に相談してきた。副社長は理解のある人のようなので、きっとよい助言をしてくれるだろうと私たちは期待して会いに行った。

副社長はわれわれの説明を親身になって聞いてくれたが、最終的な答えは「その問題は課の中で解決する必要がある。頑張ってください」というそっけないものだった。彼女のクレームに対して、何も行動をとろうとしないのは明らかだったし、その上、後にこの話が彼女の上司の耳に入り、上司の彼女に対する態度はもっと悪くなって、結局、彼女は会社を辞めてしまった。

日本的に考えると、副社長がもし彼女の上司を叱りつけたりしたら、二人の関係が悪くなる可能性が高い。そのため副社長は、彼女が持ち込んだ問題は、上の者がかかわる種類のものではないと判断したようだ。しかし、「持っている力を利用する」「地位のある人は問題を解決する責任がある」という考え方を持つアメリカ人には、日本の組織の中では当然と思われる副社長の反応も、納得できないものであった。

米国でかつて話題になった、*Funny Business* にも似たような話が紹介されている。著者は MBA（経営管理学修士号）を持つアメリカ人男性で、研修生としてソニーの東京本社で働いていたが、職場に合わず、フラストレーションがたまっていた。彼は、当時のソニーの社長は米国滞在が長かったので自分の立場をよく理解してくれるはずだと考え、直接面会を申し込んだ。しかし、面会予定日の前日に彼は急に解雇された。「君の行動は

ショッキングで不愉快だ。責任ある立場にいる者でさえ、トップにコンタクトを取るには正式な手順を踏まなければならない。組織内では序列というものを大事にしなくてはいけない」ということらしい。著者の行動は軽率だったかもしれないが、ソニーの処置は厳しすぎた、というのが大半のアメリカ人読者の意見だった。

★部下の相談にどう答えればよいか

アメリカ人部下が上司を頭越しして相談を持ちかけてきたら消極的な態度は決してとるべきでない。「自分で解決してください」という態度は禁物で、問題に応じて具体的な対策案を出すことが大切だ。

トルーマン元大統領は、机の上に The buck stops here. というプレートを飾っていた。pass the buck というのは責任を他に転嫁するという意味だが、The buck stops here. と主張することで彼は、「引き受ける、任せておけ」という責任感のあるイメージを打ち出したわけだ。アメリカ人はすべての幹部に The buck stops here. の姿勢を持つことを望んでいる。つまり、社員が上司を「頭越し」してくる時は、あなたのところで the buck がきちんと stop するよう望んでいるのだ。

では、アメリカ人が満足する対処の仕方とはどういうものだろう。

・問題についてその社員の上司と相談する
問題を提起した社員と直属の上司と幹部の三人、もしくは幹部

と直属の上司の二人で話し合いの機会を持つ。問題解決を前提に、幹部は直属の上司に何らかの指示を与える。

・専門家に相談する
問題に関して、その分野の専門知識を持つ人に相談する。例えば、差別やセクシュアル・ハラスメントに関する苦情の場合は、社内の人事担当者や弁護士に相談する。

・問題の原因と対策を調査する
人間関係ではなく、ビジネスそのものに関する問題の場合、社員の指摘そのものが解決の糸口になることもある。調査を誰かに依頼したり、委員会を結成したりするのもいいだろう。しかし、結論は必ず出さなければならない。

・依頼を断る
持ち込まれた依頼が不適切、あるいは会社の戦略・方針と矛盾していれば、もちろんイエスと言うべきではない。この場合は、理由を説明してはっきりと断ること。

★アメリカ人が「頭越し」する理由

　日本で上司を「頭越し」することはまれである。人間関係を保つためには避けるべき行為と見られるからだ。一方、アメリカ人は効率のよさを重視する傾向にある。比較的気が短く、目標をすばやく達成したがり、そのための近道を探す。そのため、直接トップに打診するほうが手っ取り早いと思っている。直属の上司が障壁になっている場合、仕事を進めるためには、さらに決定権のある者にアピールするのは当然だと考えるわけだ。

またアメリカ人は、相手が地位や権力を持つ人であっても自動的には信頼せず、その人の性格や言動を見て自分で判断することが多い。したがって、尊敬できない無能な上司は無視し、それより上の上司に直接会いに行くことを選ぶわけだ。部下があなたのところへ直接来るというのは信頼されている証拠でもあるので、その信頼を裏切らないことも大切である。

郷に行っては郷に従……うな？

　米国では従業員の努力を認め、褒める（ポジティブ・フィードバック）のは非常に重要な管理方法なので、私はこのワンテーマに絞ったセミナーを頻繁に行っている。最近、ある日本人在米駐在員からこういった質問を受けた──「こちらでは部下をたくさん褒めるべきだとよく言われます。しかし、自分の周りにいるアメリカ人マネージャーを見ると、積極的に部下を褒めているようには見えない。本当にこれは一般的な管理方法ですか？　普通のアメリカ人マネージャーは本当に部下をたくさん褒めていますか？　とても疑問です」

◆アメリカ人が必ずしも正しいわけではない

　駐在員にとって重要なのは、米国ではどういう管理方法が効果的なのかを理解して、自ら実施することだ──仮に周りのアメリカ人マネージャーはそうしていなくても。特にあなたが幹部社員の場合、アメリカ人マネージャーを評価する際、アメリカでよしとされている管理方法を熟知した上で、自社のアメリカ人マネージャーがその方法を実施しているかどうかを見る必要がある。もしアメリカ人マネージャーが部下を褒めていないのであれば、それがアメリカ人の管理方法なのではなく、単にそのマネージャーが、うまく指導をしていないということなのである。

　ちょっと脱線になるが、このように、米国では何が正しく、何が正しくないかを、駐在員が正確に把握する必要がある。アメリカ人のマネージャーを見て、彼らはアメリカ人だから彼らの行動は全部正しいだろうと思ってしまうのは非常に危険だ。例えば、アメリカ人マネージャーが部下を怒鳴っている場面に遭遇したら、そのマネージャーに注意を与えるべきである。あるいは、わいせつな冗談を言っているアメリカ人従業員を見たら、それがアメリカ

の職場で適切ではないとわかった上で、駐在員はその従業員に警告する必要がある。「アメリカではアメリカ人のやることがすべて正しい」と考えるのは間違いだ。米国社会では何が正しいのかを認識・把握し、それにそぐわないアメリカ人を注意するのは日本人駐在員の義務だと言える。

◆"日本人的アメリカ人"にも要注意

　よい仕事をした人を認めたり褒めたりするのは、やる気を高い水準に保つためにとても重要で、アメリカ人の部下を持つ人にとっては不可欠な行動だ。もしもあなたの会社に部下を褒めないアメリカ人マネージャーがいるなら、二つの対策がある。まずは、彼らの管理法にはその点が足りないと指摘して、もっと積極的に褒めるよう奨励すること。自分の部下にマネージャーがいるなら、彼らのマネージメント方法を評価したりアドバイスをしたりするのは、上司としてのあなたの役割の一つなのだ。

　そして、自社のアメリカ人マネージャーの多くに同じ問題が見られるのなら、トレーニングセミナーに参加してもらう必要があるだろう。冒頭の問題提起をした駐在員は「駐在員だけでなく、こういったフィードバックのセミナーをアメリカ人マネージャーにも聞いてほしい」と言っていたが、まさにそれは有用だと思う。特に在米日系企業では、その必要性がある。なぜなら、日本の企業に長く勤めているアメリカ人マネージャーは、ずっと日本人上司の下にいるため、日本人の管理方法を無意識のうちに吸収してしまっているからだ。その結果、彼らもまた日本人同様、部下をあまり褒めなくなってしまうのだ。自分たちが日本人上司からあまり褒められないため、そうする必要性があることを忘れてしまうということがある。人間は自分の置かれている環境に適応する、という一例だと言えよう（さらに、日本企業に長く勤めているアメ

リカ人は、意見を直接言わなくなり、日本人よりさらに対立を回避しようとするという傾向も見られる。そういう人たちには、米国の管理方法をもう一度思い出してもらうべきだろう）。

　米国の企業に比べ、日本企業ではマネージャーに管理方法を教える場が少ない。それに、望ましい管理方法のパターンもないので、各マネージャーは自分なりに管理方法を考えるようになる。そのため、管理方法はばらばらで、マネージャー次第ということが多い。しかし米国では、会社側が何が望ましい管理方法なのかを決め、全マネージャーを徹底的に教育して、現場で使わせるのが一般的である。そのため、在米日系企業にとっては、奨励したいマネージメント方法を定義し、全マネージャー（日本人もアメリカ人も）がそれに準ずるよう教育することは大きな課題だと言える。

第7話

批判に弱いアメリカ人

怒るにも技術が必要

Q ある課で問題が起きた。会議の場で、部長である日本人マネージャーはその課のアメリカ人マネージャーへ、There's a problem with the work this section is doing. How did this happen and how are you going to solve it?（この課の業務内容には問題があります。なぜこうなってしまったのですか、どう解決するつもりですか？）と厳しい口調で尋ねた。両者が問題について話し合ったあと、アメリカ人マネージャーは I'm uncomfortable being criticized in front of my subordinates. Please don't do that again.（部下の前で批判を受けるのは不愉快です。今後はそういうことをなさらないようお願いします）と文句を言った。日本人マネージャーが当たり前だと思ってした問題指摘が、なぜ彼を怒らせてしまったのだろうか。

★誰も人前で叱られることは望まない

日系企業で働くアメリカ人が頻繁に口にすることのひとつに、日本人マネージャーが、人前で自分を「批判」（criticize）したり「叱ったり」（scold）するのが嫌だ、というのがある。**アメリカ人は一対一ではよくても、公然と注意や叱責を受けることを非常にいやがる傾向がある。**しかし日本人の場合、否定的な情報は人前で伝えたがる。この違いはどこから生まれるのだろう。ここに

いくつか考えられる原因を挙げてみる。

・「個人に対する攻撃」のつもりではない
日本人は仕事上の問題を指摘する際、個人の人格とは関係なく単に仕事上の問題と考える場合が多い。しかしアメリカ人の場合、仕事の欠点の指摘は、その人自身の能力に対する中傷と受け取ることがまれでない。アメリカ人はプロ意識が強く、自尊心を仕事に持ち込む傾向があるからだ。

・周りにも教える
日本人は、人前で問題を指摘することにより、当人だけでなく周りの人も教育できると考えるが、アメリカ人は「公然と恥をかかせた」(public humiliation) と解釈しがちだ。

・有望な人に厳しく
日本では、才能のある人を育成するため、上司はその人の仕事をより厳しく評価し、積極的に改善個所を指摘する。米国では逆で、仕事がよくでき能力のある人は激励し、その人の仕事を積極的に褒める。

・終身雇用の影響
終身雇用制は会社を家庭的な環境にする。親が子を叱っても親子関係に支障をきたさないのと同じで、上司が叱っても部下はくびになるかもしれないと心配したりはしない。しかし、解雇のニュースが後を絶たない米国では、長期失業の経験をした人も多いので、上司に仕事を評価されないと即解雇につながるのではないかと恐れるのだ。

・カルチャーショックが引き金に
米国に赴任し、カルチャーショックを経験する日本人は多い。毎日英語を使わねばならず、考え方の異なる外国人を管理しなければならない日本人マネージャーにはストレスがたまる。このストレスが、部下を怒鳴る形で爆発してしまう可能性もある。

・自分の力を見せつける
日本流のビジネスにおいては、人前で部下を怒鳴る行為を、自己の力を誇示する（display of one's power）道具として使うことがままあるようだ。あるアメリカ人マネージャーが入社直後、特別プロジェクトを依頼されてレポートを提出したところ、日本人の社長がそのレポートにさんざんけちをつけた。これも、新任のマネージャーに誰が権力を持っているかを見せつけるひとつの手だったとも考えられよう。

★怒鳴るのはもってのほか

前述のように、アメリカ人は批判されることに非常に敏感である。しかし、問題があればそれはもちろん伝えるべきだ。アメリカ人の自尊心を尊重しながら、うまく注意や批判を伝える方法を以下に述べる。

・タイミングを選ぶ
相手が話を聞く余裕のある時を選び、十分な時間をとる。

・批判する前に前置きをする
あからさまに批判する前に、相手の心の準備のためにも一言前置きを添える。例えば **I'd like to give you some feedback** on

the work we've been doing together. Is now a good time?（仕事に関するフィードバックを少ししたいのですが、今いいですか）のように。

・プライバシーを守る
人前で言わず、個室で一対一で話す。批判される側の自尊心が守られ、より自由な話し合いができる。

・会議を有意義に使う
米国の会議は、ディベートやディスカッションが主流で、その中でなら意見の違いなど否定的なコメントも自由に発言することができる。ただしそういった場面でも「言い方」には十分気をつける必要があり、攻撃的なトーンは避ける。

・強い言葉を避ける
stupid、terrible、bad などの強い言葉は大きなダメージを与えるので、代わりに That was **not as good as** it could have been.（それはもっとうまくいくはずだった）、**More thought should have been put into that.**（もっと慎重に考えるべきだった）、Mistakes like that **should be avoidable**.（そのような間違いは避けられるはずだ）、**That isn't the kind of thing we want to** have happen here.（こういったことは当社で起こってほしくない）といった表現が好まれる。

・怒鳴ったり、声を荒げたりしない
怒る理由が十分にあっても、感情的にならない。自分のイメージを悪くするだけだ。

・「仕事の問題」と「個人の問題」を区別する

What I want to do here is to focus on the task itself, **not on anything having to do with you as a person**.（ここで重要なのは仕事の中身だけで、あなた個人のことではない）というように、個人を批判しているのでなく、仕事のみについて話しているということをはっきり伝える必要がある。

　他の注意事項としては、**批判の際に you という単語を使わないことが挙げられる**。You seem to have a problem.（あなたには問題があるようだ）ではなく、**There seems to be** a problem here.（ここには問題があるようだ）といった具合に。よりよいのは、we を使うことで、There seems to be a problem here.　**What can we do** to fix it?（ここには問題があるようだ。われわれはどうしたら解決できるだろう）のような言い方をすれば、「一緒に解決しよう」といった意味合いが込められ、上司のサポートする意志も示すことができる。

第1章　アメリカ人には気をつけろ！

第8話

おしゃべりなアメリカ人

……から身を守る方法、教えます！

Q　日本人駐在員からの悩み。「一緒に働いているアメリカ人はとにかくおしゃべりで、全部聞いて理解するのが難しい。言葉のなだれに圧倒されているように感じることが多い。『話す前によく考えてください』と言いたいのだが、たぶん気分を害するだろうと思って何も言ってはいない。会話が苦痛だ」——このようなフラストレーションは日米のコミュニケーション方法の相違から来るものだ。まずはその原因を探ろう。

★アメリカ人の話術を知る3つのキーフレーズ

a)　**talk off the top of one's head**（準備なしに話す）

アメリカ人と日本人のコミュニケーション・スタイルの違いの一つは、話す前にどれだけ考えるか、ということだろう。日本人の場合、特に会議などの場では、何かを口に出す前にしっかり考え、整理したりまとめたりするのが普通である。一方、アメリカ人は何も考えずに口を開いている——とは言いたくないが、日本人と比べて talk off the top of one's head（即席で話す、準備なしに話す）ことが多い。思っていることをそのまま口にするのはアメリカ人の習慣なのだ。そうすることでアメリカ人は、率直な気持ちを伝えているという雰囲気を醸し出せると考えている。日本人のようにじっくり考えてから話すと、アメリカ人には何かを隠しているかのように見える場合もある。思うに、

日本人は発言する前に、他の人はどう思っているか、発言することで自分の立場が危うくなることはないか、などと考える人が多いのではないか。それにひきかえ米国では、皆、自分自身の意見を持っており、それを他の人に伝えるのは当たり前なので、自分の意見が他の人の意見と同じかどうかなどと話す前に考える習慣はない。各人が自分の意見を述べてからコンセンサスをとるからだ。

b） **thinking out loud**（考えながら話す）
日本語になりにくい米語表現のひとつに thinking out loud というものがある。「考えながら話す」、あるいは「話しながら考える」、「考えていることを整理しないで、そのまま口に出す」という意味である。この表現の裏には、自分の思いを口にすることによって、それをより強く意識し、磨くことができるという考え方がある。

　この習慣を知らない日本人が、アメリカ人の thinking out loud を経験すると、当惑するかもしれない。最近、日本人の在米駐在員からこんな体験談を聞いた。アメリカ人の同僚と話している最中に、相手が I'm just thinking out loud, but ... と前置きして、長くて非常に聞き取りにくい話を始めた。聞き漏らさないようにするため、日本人の方はかなり努力する必要があったが、アメリカ人の同僚は長口上の最後に一言、Ah, I guess it wasn't a good idea after all.（ああ、やはりいいアイデアじゃなかったですね）。つまり、アメリカ人の方は日本人に向かって話していたわけではなく、独白（soliloquy）の形で自分の考えを口に出して、まとめていただけだったのだ。これは

極端な例だが、こういったことは確かにありうる。

c) **toss ideas around**（アイデアを交換しあう）
また、情報とアイデアの扱い方にも違いがある。**米国の文化では、「アイデア」は、粘土やパン生地と同じように鍛えられる物であって、打ち延ばしたりこねたりすることによってよくなる。**ここから生まれた表現に toss ideas around（アイデアを投げ合う＝軽く論じる）、bounce something off of someone（反応を期待して、人に考えをぶつける）、hash things out（問題を細かく切り刻む＝徹底的に議論する）などがある。一方、日本の文化では、アイデアというのは入念に包まれているプレゼントのような物である。差し出される時に既に完成されているので、それ以上手をつける必要がない。丁寧に包まれたプレゼントを押したり突っついたりするのは、失礼にあたる。

★なぜそんなにしゃべるのか

アメリカでは「上手に話す」ことが重んじられるため、子供のころからコミュニケーションの技術を向上させる機会に恵まれている。教室でも家庭でも、自分が考えていることをちゃんと伝える方法が教えられており、長年の練習によって、自己表現力が磨かれる。また、コミュニケーションは多ければ多いほどいいとも考えている。上手に話す＝たくさん話す、ということなのだ。日本にある「一を言えば十わかる」といった考え方はなく、十を伝えたかったら十のすべてをちゃんと言葉にしなければならないし、念のために十一か十二を言った方がいいと考える人も多い。

また、しゃべっている内容がノンネイティブには全然わからない、という場合もよくある。ネイティブ同士だったらわかりあえても、そうでない人には難しいというのは、驚くべきことではない。残念ながら、米国では外国語教育にはあまり力が入れられておらず、ほとんどのアメリカ人が外国語を使ってビジネスをする経験を持たない。だから、**英語を母国語にしない人にとって英語でビジネスをすることがどれほど難しいか想像できないのだ。**もし自分でそういった経験をしていれば、ノンネイティブに対してもっとわかりやすく話すはずだ。また、日本人は特に英語の文法能力が非常に高く、難しい単語もよく知っているので、ネイティブと同じスピードで話してもわかるはず、と思い込んでいるアメリカ人も少なくない。

★おしゃべりなアメリカ人へのうまい対処法

　以上のような理由があるので、おしゃべりなアメリカ人に困ったら、あなたの方から、「話し方にもっと気をつけてほしい」ということを何らかの形で伝える必要がある。しかし、「話す前にちゃんと考えてください」と言ってしまうと、アメリカ人は侮辱されたと感じるだろう。これはまるで親が子供にするような指摘だからだ。また、Get to the point!（だらだら話さないで要点を言ってください！）も直接的すぎて薦められない。代わりに以下のような表現はどうだろう。**英語を母国語にしない人なら別段恥ずかしくもなんともないので、堂々と主張すればよい。**また、いつも「なぜか」という理由を知りたがるアメリカ人にアピールするため、理由も述べられている。

・It would be helpful for you to be **as succinct and clear as** possible when you talk with me, because it's **hard for me to follow** long explanations.（長い説明を聞き取るのは大変なので、できるだけ簡潔にはっきり話していただけると助かります）

・It is **difficult for me to understand** long explanations, so please **boil down** what you want to say to its essentials.（長い説明を理解するのは困難なので、あなたの言いたいことを要点だけに絞ってくださいますか［boil down は文字通りには、スープやソースが煮詰まって水分が蒸発し、液が濃くなることを指す。不要な要素を取り除くという意味］）

・When you talk with me, I would appreciate your being **as organized as possible** in how you say things. That will help me to **understand you better**.（できるだけ整理して話していただけると助かります。そうすれば、あなたのおっしゃることをよりよく理解できますので）

・Could you please **summarize what you just said**? **I'm having trouble grasping** the main point you want to convey.（今おっしゃったことを要約していただけませんか。あなたが伝えようとしている要点をつかみかねていますので）

★書いてくれるよう頼む

　もう一つ、彼らに伝えたいことを前もってメモ書きしてもらうという方法もある。この利点はふたつ――まず、彼らは書くことによって自分が考えていることを整理できる。また日本人は書いてあるものの方をよりよく理解できる。

When you want to discuss something complex with me, please prepare ahead of time **a written summary of what you want to say**. It doesn't have to be anything fancy, just a list of a few points on a single page. That will help me to understand you more easily.（複雑な案件を相談するときには、あなたの主張の要点を書いたものを前もってご用意ください。長々とした書面でなく、ポイントを1枚の紙にリストアップしていただければ十分です。あなたのおっしゃりたいことをもっと容易に理解する助けとなりますから）。ここで大切なのは、「簡単でいい」と伝えることだ。そうしないと、アメリカ人はあなたが立派なリポートを必要としていると解釈してしまうからだ。

　会議の際、事前に自分の意見を紙に書いておくことを指して、prepare a position paper（立場を述べた文書を準備する）と言う。この position paper を会議の前に交換する、あるいは皆がそれを持って集まるというやり方もある。

第1章 アメリカ人には気をつけろ！

第9話
秘密主義のアメリカ人
情報共有の自然発生を待っていてはダメです！

Q 日本では、複数の従業員が情報や技術を共有するのが普通だ。しかし、アメリカ人は自分が持っている情報を他の人に伝えない傾向がある。結果として、情報の流れが滞り、従業員教育がうまく行われないということが発生する。なぜ、アメリカ人は情報を他の人と分かち合わないのだろうか。またどのようにすれば、情報伝達がもっとうまくいくようになるのだろうか。

★自分の仕事は自分のもの、と思っているアメリカ人

　日本の会社では、マネージャー会議で発表された内容を、マネージャーが部署に戻って皆に伝えるという情報伝達が一般的だ。これは実は米国にはない習慣なので、このような方法をとろうとすると、情報はうまく伝わらないはずだ。また、米国には朝礼の習慣がないし、仕事中は自分のやるべきことに集中して、あまり周りと話さないことが多い。各人が自分の仕事領域をカバーして、一人で動くのが普通なのだ。

　したがって、**自分の職務は自分の領域だという意識が強く、自分の職務のために必要な情報は自分一人が知っていればいいだろうと思っているアメリカ人はたくさんいる**。チームワークや柔軟性のある職務定義は、アメリカ人にとって実施することは不可能

ではないが、日本のように自然には行えない。もしアメリカ人にやってほしいのなら、そう依頼する必要がある。

情報を周知徹底させたい時には例えば、**Please let everyone in your section know** about this.（あなたの課の皆にこのことを知らせてください）や **I want you to tell** this information to **all the others** in your group.（あなたのグループの他の皆にこの情報を話してほしい）のように言うとよい。また、このような文章の後に、なぜそうしてほしいかという説明を付ければ、もっと効果的である（アメリカ人を動かすのに、「理由の説明」は万能の"魔法の杖"である）。例えば、It's important that everyone know about it because...(it affects quality/ it has to do with safety/ etc.).（なぜ皆がそれを知ることが重要なのかというと……［品質に影響する、安全のため］）などの理由を述べよう。

また、米国の会社では、チームごとではなく、全従業員に直接コミュニケートする手段も使っている。例えば、eメールを積極的に活用する会社も多いし、机とコンピューターを持っていない製造現場で働く従業員のために、現場にkiosk（タッチパネル操作によるネットワーク端末）を置く会社もたくさんある。無論、そんなハイテクな方法でなくとも、紙のメモや掲示板も十分、有効である。

全従業員に何かを伝えたかったら、前述のようなやり方で直接、各人に伝える必要がある。

★徒弟制度は、アメリカ社会にはなじまない

　チーム内での情報共有を考える上で、もう一つ考慮すべきなのは、アメリカ人マネージャーが部下を育成するスキルを持っているかどうかということだ。**他人をうまく育成する能力は、皆、自然に身につけているわけではない。**マネージャーがよい"指導者"になるためには、人を育てるためのトレーニングを受けるのが望ましいだろう。こうした部下指導方法は、coaching（コーチング、コーチのように訓練を行うこと）と呼ばれ、米国の企業で最近さかんに取り入れられている。

　また、ある従業員が持っている技術を他の従業員に伝えてほしい場合、日本の「先輩から後輩へ」のように自然に伝達が起きるのを待っていてはいけない。**スキルを持っている従業員が持っていない従業員に伝える制度を作ることが必要なのである。**「制度」と言うと、複雑で大げさなシステムを想像するかもしれないが、そうではない。

　例えば、私が大学卒業直後に就職した会社には、各従業員が得意なスキルについて講師となってセミナーを行い、他の従業員がそれに参加する、という社内教育制度があり、大きな効果を上げていた。私の場合はコンピューター・ソフトのLotusの操作が得意だったので、その使い方を他の従業員に教える半日セミナーを行った。社外から講師を招くようなセミナーと違い、その会社の業務の中でどう効果的にLotusを使うかに重点を置いたので、参加者はすぐ仕事に応用できるようになったと思う。これは私にとってもよい経験だった。セミナーを立案したり、

皆の前でプレゼンテーションしたりすることは普通の業務とはまた違ったやりがいがあるからだ（現在私が、日本企業を相手にトレーニングセミナー講師をやっているのも、元はと言えば、それがきっかけだったのかもしれない）。

　社外に適当なセミナーがない場合、あるいは予算が限られている場合には、この方法は非常に効果的だろう。社内のあらゆる技術のマスターを目指し、全社員がそれぞれ同僚のために教育プログラムを作れば、お互いに教え合うという雰囲気づくりもできる。また、ある従業員を講師として選ぶということは、その人のスキルを認めることにもなり、その従業員は選ばれたことを誇りに思い、期待に応えようとするはずだ。

★日本出張の経費をムダにしないために
　アメリカ人従業員は日本に長期出張しても、その研修成果を職場で周りの人に話したりはしない。しかしそれでは、研修を受けた社員だけがその情報を占有することになり、もし本人が辞めたら、会社からその情報は消え去って研修費用は無駄になってしまう。この繰り返しで苦労している在米日系企業は少なくない。こうした事態を避けるため、日本に研修に行く社員には以下の三つを義務付ければよいだろう。

1. 日本から帰国後、ある決まった期間内に（例えば3週間〜1カ月）、他の従業員のためのトレーニングセミナーを開催する
2. 日本で得た情報をマニュアルの形にまとめて、皆に配る（できれば、トレーニングセミナー時に配った方が望ましい）
3. 研修の最中、前述の1.と2.の準備のためしっかり記録をとる

（日本人には研修でメモをとることは常識のように聞こえるが、アメリカでは必ずしもそうではないので［特にその情報が自分だけの資料と考えるのであれば］、義務付けが望ましい）

　もちろん、こういったことを依頼するのであれば、研修から戻った直後からフルタイムで勤務させず、マニュアルを準備する時間を就業時間内に与える必要がある（時間外の業務として課すと、負担に感じるのでよいものが作れるはずはないし、研修を疎んじる社員すら出てくるだろう）。これもまた、会社にとっては別の意味での投資だが、日本に出張させるためにすでに投資しているわけなので、これを生かすためには必要と思われる。

第10話

「ノー・プロブレム」と言うアメリカ人

本当に問題がない、と思ったら大間違い！

Q　アメリカ人従業員に仕事の進捗状況を聞くと、頻繁にNo problem.（問題ない）という答えが返ってくる。「この返事を信じて、後で大きな問題が判明することがしょっちゅう」と感じている日本人マネージャーは少なくない。なぜアメリカ人は「ノー・プロブレム」を頻繁に使うのだろうか。問題があることをきちんと報告してもらうためにはどうすればいいのか。

★その楽観主義はいったいどこから来るの？

　アメリカ人の「ノー・プロブレム」の連発は、アメリカ文化と深く関係があると言ってもいいかもしれない。アメリカ人は楽観的であることが多く、どんな困難も積極的な姿勢さえあれば解決できると思いがちだ。それはチャレンジ精神の表れともいえる。これはcan-do attitude（「できます！」という前向きな姿勢）とも呼ばれ、アメリカ人の間では非常に高く評価されている。

　また、「ノー・プロブレム」という表現はアメリカ人のプライドと独立精神を表している。彼らは、一人前の人間ならば必要以上に他人に依存せず、できるだけ自分でやりとげるべき、と考える。したがって「ノー・プロブレム」と言う時は、他人に

自分の能力を認めてもらいたい気持ちもあるわけだ。つまり「自分が解決できない問題はないので、心配しないで任せてください」という真の意味が隠されている。

またアメリカ人は、問題を表面化させることに抵抗を感じる場合がある。kill the messenger（悪いニュースを持ってくる者は消せ）という表現があるように、問題を報告すると自分に何か悪いことがふりかかると思ったり、問題を報告すれば解決するのは自分の責任になるので、仕事の負担が大きくなると懸念したりするのである。

★質問は具体的に

How's it going?（調子はどうですか？）と尋ねると、「ノー・プロブレム」という答えが返ってきやすい。もっと具体的な答えを引き出すために、他の聞き方をしてみよう。例えば、**I'd like to find out whether** you are anticipating anything that might cause this project to fall behind schedule. As you know, meeting our deadline is extremely important.（このプロジェクトがスケジュールに間に合わない可能性があるかどうかを知りたいのです。ご存知のように、締め切りを守ることは非常に大切ですから）という言い方だ。この文章に problem（問題）という言葉が入っていないことに注意してほしい。もし problem という言葉を使えば、前述したように、防御的な返事が返ってくるからだ。

また、**質問をするタイミングも大切**。廊下を歩いている時などに何となく聞くのではなく、**会議室などの正式な場で聞くとよい**。

「ところで仕事はどう？」といったカジュアルな感じで質問すると、質問を軽く受け取り、「ノー・プロブレム」のような安易な答えを返す可能性が高い。

★問題は一緒に解決

もうひとつの効果的な対策は、問題を報告してもいいという雰囲気を社内に作ることだ。そのためには、言葉でその旨を皆に明確に伝える必要がある。例えば会議の場で以下のように言うとよいだろう。

・I want you all to **feel comfortable letting me know** about any problems you observe in how we do things here. It's very important for you to point problems out so that we can work together to solve them.（ここのやり方に関して何か問題があったら、遠慮なく話してください。われわれが問題を一緒に解決するのに、問題点を指摘してもらうことは非常に重要なのです）

・My philosophy is that it's important to **discover problems early** so that they can be **nipped in the bud**. I hope that you will all cooperate in reporting anything that might have a negative impact on our work.（私は、問題は早期発見して芽のうちに摘みとることが大切だと考えています。われわれの仕事に悪影響を与えそうな問題があれば、報告するようご協力ください）

問題が報告された時の上司としての反応も、従業員にとっては重要な「信号」となる。So, what are you going to do about it?（それで、あなたはどう解決するつもりですか）とか、

You should solve this problem on your own.（この問題は自分で解決すべきですね）といった態度をとると、アメリカ人従業員はがっかりするだろう。もし自分で解決できる問題だったら上司には報告しないわけなので、**Let's talk about what we can do about this problem.**（この問題を解決するために、一緒に何ができるか話し合いましょう）といった態度が望ましい。問題を解決するため従業員一人に頑張らせるのではなく、上司および社全体が積極的にサポートする姿勢を見せることが大切なのである。

★フィードバックを利用する

　従業員が問題を報告したことが会社の利益になった場合は、ポジティブ・フィードバック（よくやった仕事の指摘）で感謝の意を示そう。例えば、**I'm glad that you pointed out this problem** so that we could take care of it right away. If we hadn't known about this, it could have caused many defects in the products.（あなたが指摘してくれたおかげで、問題を早めに解決できてよかった。この問題に気づかなかったら、製品に多くの欠陥が生じる可能性がありましたから）のように。このようなポジティブ・フィードバックによって、従業員のやる気を起こさせるのも、上司の重要な役目と言える。

　逆に、「ノー・プロブレム」と言われたのに、のちのち問題が表面化した場合には、失望したことを的確に伝える必要がある。それをネガティブ・フィードバック（改善すべき点の指摘）と言う。When I asked you last week how the project was going, you told me "no problem," but now you say that it cannot be completed on time. **I wish that you would have told me about this sooner.** In the future, please avoid giving me such unpleasant surprises at the last minute.（先週、プロジェクトの進み具合について尋ねた時、あなたは『ノー・プロブレム』と言ったが、今はスケジュール通りに完了できないと言っている。もっと早期に報告してほしかった。今後は最後の最後でこのようなことが起こらないようにしてください）といった具合に。

　同じ問題が何回も続いた場合には、I want to have a trusting relationship with you, but when things like this happen it makes me feel uneasy. **Let's discuss what we can do** in the future to make sure that we don't have this type of misunderstanding again.（あなたと信頼関係を築きたいが、このようなことが起こると私も不安である。今後こういった誤解が再び生じないようにするため、対策を二人で探りましょう）といった表現を追加するのが適切である。このようにフィードバックを利用すれば、問題点の早期報告を促せ、また「ノー・プロブレム」といった表現も聞かずにすむわけだ。

第1章 アメリカ人には気をつけろ！

第11話

「can do」と言うアメリカ人

"can do" と言わせない質問をする工夫を

Q アメリカ人を採用する際、面接で「こんな仕事ができますか」と聞くと、必ず Yes, I can do it. と言う。しかし、採用していざその仕事を依頼すると、実は完全にはできないとわかることが多い。それならなぜ、面接の時に、「できる」と言うのだろうか。採用してもらうためにうそを言っているのだろうか。

★「できる」と答えるのはアメリカ人の美徳

この問題を議論する前に、日米文化の違いをまず理解しておきたい。面接で「できる」と言ったことが実際にはまったくできないと、日本人は「うそをついた」と考える。しかし、日本人には「うそ」「過言」ともとれる発言が、アメリカ人には当然の受け答えだったということはしばしばある。これは採用面接の時だけでなく、日常的な業務でも起こる。アメリカ人の「できる」発言の裏にある文化的な背景を理解することが、双方がストレスをためずに働ける環境作りにつながるはずだ。

何かを「できますか」と聞かれたとき、百パーセントできるという自信がなければ、日本人は「はい、できます」と言わない。可能性が1パーセント下がるだけでも、「自信はないですが……」と言葉を濁したり「今は他の仕事がたくさんあるので」などと理

由を添えて断る。これは相手に過剰な期待を抱かせたくないからである。「できる」と言ったことができなくなるのは、その理由が何であれ、日本社会ではあまり好まれない。相手との信頼関係に悪影響を与える可能性も高い。また、謙遜が評価され、自画自賛が歓迎されない日本の風土からしても、「はい、できますよ」と自信ありげに言うのは、「格好悪い」または「でしゃばっている」と受け取られる。

　一方アメリカでは、できる可能性が50パーセントあれば、即座に「できます」と言う（前項でとりあげた No problem. という表現は、アメリカ人がよく使う「できます」の意味の返答だ）。可能性が50パーセント以下の時に、無条件に「できる」と言うのはうその範疇に入るだろうが、50パーセント以上なら、自信を持って「できる」と言うのがよいとされている。

　したがって、**アメリカ人の言う「できます」は、約束ではなく、「努力する」「協力する」という姿勢を表すものと考えた方がいい。**楽観と自信はアメリカ社会で非常に重視されており、これを持たない人は弱虫だと思われる。日本人が美徳とする謙遜も、時と場合によっては、弱さの表れだと誤解される場合もある。

　日本人がトラブルを予測して準備を整えておくことを重視するのに対し、アメリカ人は、自分の可能性を信じ、努力して物事を達成することを重視する。問題は、発生した時に対処法を考えればよい、すなわち We'll cross that bridge when we come to it.（橋に来たときに渡り方を考えればいい）というのが、彼らの姿勢なのである。

★具体的な質問で、本当の能力を聞き出す

就職面接では、以上のような文化的背景に加えて、「採用されたい」という願望があるため、アメリカ人はできるだけ自分をよく見せようとする。自分を売り込まなければ採用されない、というのがアメリカの常識でもある。なので、**求職志願者が言う「できる」は、「できると思いますので、チャンスを与えてくれれば努力します」ということだととらえ、言葉を鵜呑みにするのではなく、よりつっこんだ質問を追加する必要がある。**

例えば、ある機械を使える従業員を採用したいとする。この場合、「この機械の使い方を知っていますか？」という質問では不十分だ。「使い方を知っている」ではあまりに漠然としているし、「使える」という言葉自体、さまざまなレベルがあるからだ。相手が初心者レベルなのか、ベテランなのかを知るには、次のような質問が役に立つ。

・**How did you learn** to use the machine? Did you receive any special training?（その機械の使い方をどうやって学びましたか？　何か特別なトレーニングを受けましたか？）
・**How long did you work** with this machine? **How long ago** was it?（この機械をどの程度の期間使いましたか？　それはどのくらい前の話ですか？）
・Did you learn all the functions of the machine?（すべての機能について学びましたか？）
・What do you think is the most important thing to remember when using this machine?（この機械を使う時に、

何が最も大切なことだと思いますか?)

★早め早めのサポートを

一緒に働いているアメリカ人社員の能力を知りたい場合も、前記の質問は役に立つ。部下や同僚の知識と経験を的確に知っておくことは非常に大切だ。また、問題を未然に防ぐためには以下のような対策も考えられる。

・救いの手を差し伸べる
何か具体的な問題が発生する前に、周りがサポートする。英語の「サポート」は意味が広く、資料、指導、説明、物理的な手助けなどを含んでいる。このように聞くと、相手からかなりの情報を得られるはずだ。
Is there any support you need from me in order to do this?(この仕事をするにあたって、何か私がお手伝いできることはありますか)

・問題をすぐに知らせてもらう
問題が起こっていることを知らずに最終段階まで来てしまわないよう、以下のような質問をしよう。
・**If anything comes up**, please let me know right away.(もし何か困ったことが起こったら、すぐ知らせてください)
・Please let me know **if you foresee any difficulties**.(何か問題がありそうな場合は教えてください)
・Please let me know **if you need any help**.(何か助けが必要だったら教えてください)
・I'm glad that you will be able to do this. Since this is an

important task, I'm wondering if you think there is anything **that might prevent you from getting it done**.（あなたがこれをやってくれて非常に助かります。大事な業務なので、何か問題がありそうだったら知っておきたいのですが）

・進捗状況を確かめる
アメリカ人社員に時々は進捗状況を確かめることも必要だ。
・**How is** that project **coming along**?（あのプロジェクトはどうなっていますか？）
・**How is** the . . . **going**?（……はどう進んでいますか？）
・**What's the progress** on the . . . ?（……の進捗状況はどうですか？）
こうした具体的な質問から得られる情報は、重要であることが多いのだ。

第12話
「That's not my job!」と言うアメリカ人
自分の仕事領域に敏感であれ

Q ある日本人駐在員が、米国に赴任してアメリカ人部下を持つようになった。職場で聞く英語でいちばん嫌いなのは That's not my job! という表現だという。部下に仕事を依頼した際にそう答えられると、どう言い返せばよいのかわからなくなる。自分の仕事の領域を限定せず、もっとフレキシブルに協力してほしいのだが。

★アメリカ人にとって責任とは

　日本では、仕事はチームで行うもので、職務内容が文書で説明されている場合は少なく、社員は必要に応じて柔軟に仕事をする。しかし、米国の企業は違う。個人の責任は job description（職務内容記述書）に細かく説明されている。組織を円滑に動かすために、社員は自分のエリアだけをカバーして業務を遂行する責任がある。自分の仕事以外のことをやると他の社員の領域を侵してしまう危険性があるので、それを避けようとするのだ。

　対策として、まずは「私の業務範囲には入っていない」と言われないため、職務内容記述書を作成する際に Other duties will be assigned as necessary.（必要に応じてその他の任務・責任が課せられる場合もある）という文章を入れておくとよい。そう

すれば業務内容の定義はよりフレキシブルになり、従業員もそれを事前に認識することになる。念のため、すべての職務内容記述書にこういった文章を加えておいた方がよいだろう。しかし、「むち」に対しては「アメ」も必要である。下記の表現はアメリカ人従業員を説得するのに役立つ。

・チームワークの大切さを強調する
We need you to be a team player.（あなたにチームの一員として協力してもらいたい）と言われれば、誰でも team player として見られたいのでやる気になる。チーム意識を育てるために定期的に皆を集め、現在の状況を報告してもらい、お互いに協力できることをディスカッションさせるのは大切だ。

・組織の状況を説明する
在米日系企業の多くは lean（脂肪が少ない、筋肉質の＝余分な人材は採用しない）なので、各従業員は同時に複数の業務をこなさなければならない、ということを説明する必要がある。これを英語で Each person must wear many hats.（一人が複数の帽子をかぶる必要がある ＝帽子は「役割」の象徴）と言う。Because we are a small organization . . .（わが社は小規模なので）や、Because we have a lean organization . . .（当社は少数精鋭なので）と切り出して wear many hats を依頼すれば説得力がある。予防線としてこういったことを採用面接の時に述べておいてもよい。

・視野を広げることを促す
多くの日本人マネージャーは、アメリカ人従業員の視野が狭く、

会社全体を十分に把握していないことを不満に思っている。実は、アメリカ人も米企業の組織の弱点として「視野が狭い」ことを指摘している。こういった問題が自社で起きている場合には、例えば以下のような言い方で注意を促すとよい。

・We like to occasionally assign **some tasks outside a person's usual responsibilities**. This provides them with the opportunity to gain a broader perspective and exposure to different areas of the company.（視野を広げるために通常の業務以外の仕事も時々依頼します）

・We like to **discourage a silo mentality**.（従業員の視野が狭くなるようなことは避けたい［siloは穀物を保管するための円筒状の窓のない建物（サイロ）のこと。自分の業務しか眼中にないことを意味する］）

・We like to get employees **involved in various areas**, so this is your chance to **avoid becoming pigeon-holed**.（社員の皆さんには、さまざまな分野の業務に携わってほしい。これは専門外の仕事に触れられるいいチャンスです［pigeon holeとはハトが住む小さい穴。言ってみれば「井の中の蛙」の状態になることで、これも米企業の問題として指摘されている］）

・This is an opportunity for you to **utilize some of your different skills**.（通常とは違う能力を使う機会です）

また、自分の責任範囲以外の仕事をすれば、他人の領域を侵してしまうという不安にも答える必要がある。同じ場で両者と話し、どの仕事をどちらがやるべきか、双方がわかるよう明確にすること。責任分担の理由を説明するのも重要である。

第1章　アメリカ人には気をつけろ！

★That's not my job! が正しい場合

「That's not my job!」と言うアメリカ人社員を説得できない場合もある。この時、彼らの反応には理由があるのできちんと対処するべきだ。

・技術者にふさわしくない仕事を与えられた
日本と米国では、技術者の仕事の定義が随分違う場合がある。米国では、技術関連の最も単純な作業——試験の実施や見本作成など——は、テクニシャン（technician）の肩書を持つ人に任せる。彼らは技術の知識はあるが、技術者（engineer）ほどの教育と資格がない。したがって技術者より給料は低い。会社はテクニシャンをうまく利用すれば、人件費も抑えられ、技術者は自分の仕事に集中できる。米企業ではこれが一般的である。したがってアメリカ人技術者は、テクニシャンがやる仕事はしなくてもいい状況に慣れている。現在の米国労働市場では技術者は宝物のような存在であり、もし辞められたら代わりの人間を見つけるのは非常に難しいので、技術者が優遇されるのは自然だと言えよう。

・秘書ではないのに秘書の仕事を任された
日本でも、お茶くみや掃除、コピーやファイリングなどの仕事を女性だけに頼むのは時代遅れになりつつあるが、米国ではこの習慣は25年以上前に廃れている。現在、はっきり区別をつけなければならないのは、**秘書（secretary）や事務職（administrative assistant）とそうではない女性社員**の仕事。秘書の仕事を秘書でない女性に頼めば、「私は他に責任のある仕事をして

いるのに、このような仕事を依頼するのは女性を軽視しているからだ」と感じる。

・給与や肩書に見合わない業務を割り振られた
新しい仕事をどんどん追加していくと、その従業員の職務をかなり変える結果になる。こういった場合、その人の肩書と給与を見直す必要があるだろう。また定期的（一、二年ごと）にその人の貢献度が肩書や給与と見合っているかどうかをチェックする必要がある。日系企業でよく起こるのが、優秀な人をアシスタント的ポストに置いて安い賃金で雇用し、その人に能力があればさらに複雑な業務をどんどん依頼する、という問題。その人は採用した時点よりやや上のレベルの仕事をしているが、肩書と給与は変化していないのだからフェアではない。wear many hats をアメリカ人に頼むのはいいが、その "hat" にふさわしい給与を払う必要もあるのだ。

第1章 アメリカ人には気をつけろ！

第13話
残業しないアメリカ人

いいえ、アメリカ人だって残業します！

Q ある在米日系企業ではアメリカ人と日本人の勤務時間の差が非常に大きいという。アメリカ人は朝早く出社し、定時に帰るように努力する。一方、日本人は定時に出社するが、夜遅くまで残業する。この勤務時間の差が摩擦の原因になっている。日本人は、早く帰るアメリカ人をうらやみ、自分たちだけが仕事の負担を背負っているように感じる。アメリカ人は自分たちの帰った後に重要な業務が行われていると思い、疎外されているように感じる。どのような対策が必要だろうか？

★なぜ残業しないのか？

勤務時間の差は、アメリカ人と日本人の仕事のやり方や家族との時間の過ごし方の違いによって生まれるので、簡単に解決できない。解決の第一歩としては、日本人がアメリカ人の勤務時間の考え方を理解することである。アメリカ人が定時に帰宅することを重視するのには以下のような理由がある。

・効率的に仕事をしたい
アメリカ人は時間の有効利用を重視している。1日の仕事を効率的にこなせる人は集中力があり、時間管理が上手だと見られる。つまり、**能力があれば1日の仕事は残業なしでもこなせると思っているのだ**。なので、アメリカ人は残業する日本人を「効率的

でなく、時間管理ができていない」と見てしまう。

・自分の仕事が終わったら帰るのは当たり前
アメリカ人は仕事を個人単位で考えているが、日本人は自分の仕事が終わっても、つきあいで残業をしたりする場合がある。仕事をグループ単位で考え、1人で先に帰ることに抵抗を感じるのだろう。「お先に失礼します」という表現はこの気持ちの表れといえる。一方、**米国では自分の仕事が終わったら帰宅するのが当然である。**

・家族との時間を大切にする
米国では共働きの場合、夫と妻が家事と育児の責任を平等に分担する。たとえ妻が仕事を持っていない場合でも、夫が家事や買い物、子供の面倒を見ることは当たり前と思われており、そのための時間を割くことはとても大切だとされる。そうしないと、悪い夫／悪い父親、と思われてしまうのだ。

　また、共働きの夫婦やシングル・ペアレントの家族には、デイ・ケア・センター（託児所）の問題もある。子供を預けた場合、センターが閉まる5時半か6時半くらいまでに子供を迎えに行かなければならない。子供が学校に入ってからでも、子供が家で1人でいる時間をできるだけ短くしようとするので、仕事を早めに切り上げたい親は多い。もし仕事量が多くて時間内にこなせない場合には、残業するよりも朝早く出勤することを好む傾向が強い。そうすれば家族との時間を犠牲にしなくてすむからだ。

・働きすぎは逆効果

アメリカ人は、生産的に仕事をするには健康な体と精神が必要であり、**働きすぎは逆効果だと考えている**。そのため、十分な睡眠をとり、レジャーの時間を設けることを大切にしている。長時間労働は人間のエネルギーを吸い取り、達成度を低下させると考えるのだ。そのため、長時間働くことを当たり前とする日本人の同僚と共同で仕事をする際にいらだちと不安を感じることがある。

★アメリカ人も罪悪感に駆られている

　以上のような理由はあっても、アメリカ人従業員は日本人より先に会社を出ることに罪悪感を持っている（feel guilty）ことが多い。例えば、日系企業で働くあるアメリカ人技術者は、自分が定時の一、二時間後に帰宅した後も日本人の同僚はまだ机に向かっていることを知って罪悪感を覚え、会社の誰にも気づかれないようこっそり退社することがよくあるという。彼らとしては、仕事の進み具合を同僚と確認し合い、堂々と職場を出たいのだが、同僚への忠誠心と家族に対する責任感の板挟みになっているのだ。自分の業務を予定通り、もしくはそれより早く終わらせているにもかかわらず、このすっきりとしない気持ちは変わらない。また、自分の帰宅後に日本本社とのやり取りが行われ、業務上で重要な決定が下されているのではないかという懸念も強い。

★アメリカ人に残業をしてもらうために

　仕事と家庭の両立は、最近米国社会でますます重要視されている。優秀なアメリカ人従業員を定着させたい企業は、従業員

のプライベート・ライフの持つ意義を認める必要がある。しかし、「アメリカ人は残業しない」、「日本人はよく残業するから忠誠心がある」という固定観念を持つのもよくない。アメリカ人従業員にも責任を持たせ、お互いカバーし合うのが理想的だ。それでは、どうすればアメリカ人にも気持ちよく残業してもらい、罪悪感なしで帰宅してもらうことができるのだろう。以下に具体的な対策をいくつか挙げよう。

・的確な指示を与える
例えば、仕事を任せていたはずのアメリカ人従業員が、締め切り日なのに、さっさと先に帰ってしまった場合、**自分の期待が十分伝わっていたかどうかを確認する必要がある**。つまり、相手はその仕事を今日中に終了すべきだということをわかっていたか、ということだ。

　自分はその仕事の緊急性を把握していても、業務の全体像を把握していないアメリカ人同僚には明確ではなかったかもしれないので、事前に締め切りについて念押しする必要がある。例えば、This is an urgent task and Tokyo is expecting the answer tonight, so **I need you to be sure to finish this** by the end of the day.（これは至急の仕事で東京側は今夜返事を待っている。今日中に終わるようにしてください）と伝えておけば、やりかけのままで帰ることはない。

・残業を早めに告知する
一般的にアメリカ人は、**仕事とプライベートのバランスをとるために、残業も事前に予定に組み込んでおきたいと思っている**。した

がって、仕事の締め切りをできるだけ早く知らせ、ぎりぎりまで引き延ばさないことが肝心だ。例えば、帰る間際に仕事を依頼するとアメリカ人の反発を招く。特別の仕事以外に彼らはそれを正当な依頼とは認めない。早めに締め切りを知らせるのは依頼する側の責任で、そうしないのは思いやりの欠如だ。

・「持ち帰り残業」を許可する
アメリカ企業では、特にマネージャーや専門職の場合、これが意外と多い。例えば、翌朝締め切りの仕事があるが、託児所に子供を迎えに行かねばならない場合、仕事を家に持って帰り、子供が寝付いた後にやるといった具合に。しかしこの場合は、上司の信頼と理解が必要となる。従業員の仕事を評価する場合、勤務時間の長さを見るのではなく、どんな実績を上げたかで判断するべきである。「残業＝努力している」といった含みを持つ発言を、常日頃から上司がしないことも大切だ。

また、時差のある日本の本社との連絡のためにやむを得ず残業をする場合もあるだろう。自宅から日本との連絡を行ってもいいという態勢を作るのが望ましい。ほとんどのアメリカ人は事務所で待機するよりも、自宅での待機を好むだろう。

・ふだんから良好な関係を築いておく
アメリカ人には残業が頼みにくいと思っている日本人従業員は少なくないだろう。この、「**頼みにくいから自分でやってしまった方が簡単**」といった意識を変える必要がある。相互依存と信頼関係を育てると、もっと簡単に頼めるようになる。つまり、日本人同僚に対して持つ仲間意識をアメリカ人に対しても持つよう

になれればよい。

★それでも残業してもらえなかったら……

もしこのように伝えても相手が仕事を終わらせずに帰ってしまった時は、後できちんとネガティブ・フィードバックを与える。「アメリカ人はそんなもんだ」とあきらめて何も言わないのはよくない。日本人は文句を言わずに仕事を引き受けてくれるのだと、アメリカ人が勘違いすることもあるからだ。

またアメリカ人の中には、日本人は残業が好きで家族との時間を犠牲にすることをいとわない、と信じている人もいるので、彼らに、自分の仕事は責任持って終了させることを示す必要がある。例えば、Yesterday **I had expected you to complete the project**, but you left without finishing it. Because it needed to get done, **I had to do the rest**. **I was not happy about this**, because I also would have liked to go home earlier.（昨日はプロジェクトを終了してほしかったのに、あなたは帰ってしまった。私も早く帰りたかったのに、残りを片付けなければならなかった）のように。

このフィードバックによって、自分の立場を理解してもらい、相手に何が期待されているかを再認識してもらえる。何も言わないで自分を犠牲にするというパターンは、アメリカ人に対する resentment（否定的な感情）を生み、職場の人間関係に悪影響を与える場合がある。アメリカ人が望ましくない行動をしたら、その都度きちんと注意し、指導することが大切だ。そうしないと悪いパターンが繰り返されてしまうだけだ。

第1章　アメリカ人には気をつけろ！

第14話
他部署からの依頼を軽んじるアメリカ人
頼む理由を説明し、応じなかった場合は感情に訴える！

Q 他部署のアメリカ人従業員に仕事を依頼すると、たいていの場合、頼んだ仕事や返事はなかなか返ってこない。理由を尋ねると「忙しかったから」とのこと。アメリカ人は直属の上司（immediate supervisor）の命令には従うが、他の部署のスタッフや、コーディネーター、アドバイザーの依頼を軽視してしまう傾向があるように感じる。直属の上司以外から頼まれた仕事にも責任を持ってもらうためにはどうすればよいか。

★依頼する仕事に動機を持たせる

　アメリカ人と日本人の組織に対する考え方は基本的に違う。アメリカ人は自分の仕事の領域をおさえれば十分だと考えているので、担当している仕事以外の依頼、および直属の上司以外からの依頼を「仕事のひとつ」ではなく、「本来の自分の仕事が終わって余裕があればやるが、自分の仕事が最優先」と考えている。したがって自分の直属の部下以外のアメリカ人に依頼する時には、**相手が努力するような動機を与えることが重要である。協力するとどのようなメリットがあるのかを理解してもらえばよい。**

　例えば、よい人間関係の構築や維持のため、というのもメリ

ットになり得る。直属の上司以外から仕事を頼まれた時、アメリカ人は意識的、または無意識のうちに、Why should I bother?（なぜ自分がやらなければならないのか）と考える。同じ会社に長く勤めることが多い日本人の場合は、他の部署にいる人間が将来自分の同僚や上司になる可能性があるので、人間関係の維持を考慮しなければならない。しかし米国では、永久的に同じ会社に留まろうとする人間はほとんどいないので、このような組織的なしがらみ（organizational bonds）は重要視されない。会社での自分の将来にいちばん大切なのは直属の上司の評価であるため、上司の依頼が何にもまして優先される。また、日本人の駐在員は頻繁に異動するため、人間関係への「投資」をしても、まったく意味がないとすら思っているアメリカ人従業員も少なくない。この態度を改善するためには、以下の方法が役に立つ。

★温かい人間関係を作る

自分に関心のない、冷たい人のためには努力したくないと思うのは当然である。仕事を依頼する時には相手を動かすために、まずその人と温かい関係を築かなければならない。要するに、その人をただ「仕事をするための手段」として扱うのではなく、人間として扱うことが大切だ。例えば、**何かを頼む際にはpleaseの一言が不可欠だ。**

★持ちつ持たれつの関係を作る

英語では You scratch my back. I'll scratch yours.（「魚心あれば水心」の意味）と言う。いつも仕事を依頼するだけでなく、自分も彼らにやってあげられることを見つけるのが大切だ。例

えば、その人のために日本本社からの書類を英語に訳すことなど。以前はやった、人気歌手のジャネット・ジャクソンの歌に *What have you done for me lately?*（最近、私のためにあなたは何をしてくれた？＝要するに「私だけが努力している」）という曲があったが、同様のことをアメリカ人従業員に言われないよう気をつける必要がある。

★理由を説明する

　なぜそのアメリカ人従業員の手伝いが必要か、なぜその仕事をするのか、どんな仕事か、なぜ至急とりかからなければならないか、などの理由を伝えれば、彼らに動機を与えることになる。**背景情報もなく、ただ「これをやってほしい」とだけ言われてもアメリカ人は納得しない。**

★必ず感謝する

　多くの場合、駐在員はアメリカ人従業員が自分に従うのは当たり前だと思い、感謝の言葉をあまり口にしない。しかし、**米国では礼を述べるのが普通だ。**I appreciate your cooperation.（協力を感謝しています）、Thanks for helping me out.（手伝ってくれてありがとう）や That was really a big help.（たいへん助かりました）のように言うとよい。具体的にどのように助かったのかも説明できれば、なおよい。感謝の意を表さないと、相手は自分の努力が無視されたように思い、今後このような thankless task（感謝されない仕事）をやらなくなってしまう。

★プライドと感情に訴える

　アメリカ人従業員が協力しない時には、あなたの反応が大き

な影響力を持つ。例えば、明後日までにレポートを出すように依頼したが、提出されなかった場合、その人を叱るのは逆効果である。そのように扱われると、反発してその後、絶対協力しなくなる。同様に、提出しなかった理由に関して口論してもいけない。アメリカ人は自分の行動を弁護するのがうまく、defensive、つまり自分の立場を守るために必死になる。お互い理詰めになってしまうと、人間関係に亀裂が生じる。

最もよい方法は相手の感情に訴えることだ。**協力を拒んだことで、周囲に迷惑がかかったと意識させることが必要だ**。少々強い表現だが、それを英語では make someone feel guilty（罪悪感を持たせる）、あるいは make someone feel badly about what they did（自分の行為をやましいと感じさせる）と言う。そのために有効な表現は以下の通り。

・I was **counting on you**.（期待していたのに）
・I am really **disappointed in you**.（とてもがっかりしている）
・You really **let me down**.（期待に応えてくれなかったので、落胆した）
・This **makes things** really **difficult for me**.（あなたがやってくれなかったので、私の仕事は大変になった）

こう言われれば普通の人は反省し、次回からはもっと努力して依頼された仕事をこなそうとするはずだ。要するに、アメリカ人のプライドと感情にアピールするのが最も効果的な方法なのだ。また頼んだ自分自身だけでなく、その他の人も迷惑した

のであればⅠの代わりに us を使うのがさらに効果的である。また仕事が不完全だった場合に、自分あるいはチームが被った損害を具体的に説明することも大切だ。

★360度評価の導入

　日本人でもアメリカ人でも、人間は自分を査定する人の声を最も大切にする。これを受けて最近米企業では、「**複数評価者の査定制度**」(multiple assessor performance evaluation system) が導入され、広まりつつある。この制度下では、普通の査定制度と同じ評価表に、直属の上司に加えて、同僚や部下、やりとりが頻繁にある他部署の人も記入し、複数の視点から個人が評価されるようになる。このやり方は、360度評価（360 degree evaluation）とも呼ばれている。直属の上司以外のスタッフ（特に日本人コーディネーターやアドバイザーなど）の存在が軽視されがちな在米日系企業では、このような制度を導入すれば非常に効果的であろう。

第15話
同じ失敗を繰り返すアメリカ人

まずはわが身を振り返ろう

Q 「アメリカ人の部下が何度も同じ間違いと失敗を繰り返し（repeats the same mistakes over and over again）、進歩が見られない。もううんざりするほどだ。今の状況を改善したいが、部下を納得させ、ついてきてもらうためにはどうすればよいだろうか」——多くの日本人駐在員は、このようなフラストレーションを感じている。何が問題なのか、どのような対策をとるべきかは、日本と米国でかなり違う。部下の意識や仕事の進め方を改善するために、米国で通用する方法を紹介したい。

★意思の疎通は十分か

まずは、自分が部下の仕事に満足していないことが、十分伝わっているかどうかを考える必要がある。上司がある欠点を直してほしいと考えているにもかかわらず、当人がそれに気づいていないということはよくあるからだ。この現象は日米のコミュニケーション・スタイルの違いから発生する。日本であれば、控え目にほのめかしただけでも部下はすぐ上司の意図を把握する。しかしアメリカ人部下の場合、はっきりと指摘しないとわかってくれない。多くの駐在員は英語で問題を指摘する自信がないので、直接の問題提起を避ける。だが、関係がぎくしゃくすることを怖がるあまり問題点を指摘しないのはよくない。

第1章　アメリカ人には気をつけろ！

　対策として、仕事の欠点を指摘するためによく使われる表現を挙げておこう。この表現は失望している状態を伝えつつも、十分丁寧なので失礼には響かない。これらの表現は例えば、This work（この仕事は）、This report（このレポートは）、These results（これらの結果は）、Your work speed（あなたの仕事のスピードは）などを主語にとる。

- . . . **does not meet my expectation**（私の期待にそぐわない）
- . . . **has room for improvement**（改善の余地がある）
- . . . **needs improvement**（改善の必要がある）
- . . . **needs further refinement**（もっと磨く必要がある）
- . . . **requires further effort**（さらなる努力が必要である）
- . . . **requires significant improvement**（大幅な改善が必要である）
- . . . is **disappointing**（がっかりさせられる）
- . . . is **insufficient**（不十分である）
- . . . is **not acceptable**（納得できるものではない）
- . . . is **inappropriate**（不適切である）
- . . . is **undesirable**（望ましくない）
- . . . **could be better**（よりよくなるはず）

★望ましくない行動がもたらす結果を説明する

　改善への動機づけのためには、**部下の望ましくない行動がもたらす結果について説明する**とよい。失敗が生み出す問題を十分理解していないかもしれないからだ。特に下部組織にいる人は、会社と仕事の流れの全体像を把握していないため、自分の行動

が他人にどんな影響を与えているかを知らない可能性もある。

★対策を一緒に考え出す

　問題となる行動を指摘するのは重要だが、問題が大きければ大きいほど、その対策を一緒に考えることが不可欠である。しかし、改善方法を部下に見つけさせるだけでは不十分だ。自分が部下の改善や努力をサポートする旨も伝えた方がいい。その際に使える表現を以下に示そう。

・**Let's work on** a plan for how you can improve your performance.（あなたの仕事を改善するための計画を考えましょう）
・**Let's map out** the steps you can take to improve.（改善のためのステップを考案しましょう）

　ここで大切なのは、上司と部下の間に協力的な雰囲気があることだ。上司が依頼・命令するだけでなく、部下の改善のために手助けをすることが非常に重要である。そして話し合いの後、誤解がないよう、上司と部下とで合意した対策を書面で残しておく。その後に、進捗状況をチェックするための会議を開くことも大切だ。

★問題点はその場で指摘する

　同じ問題や間違いが起きたら、その場ですぐ指摘する必要がある。もしその時に何も言わなければ、部下はそのままでもよいと思ってしまうからだ。常に部下の仕事を観察し、改善を目指すよう仕向けるのは上司の責任である。そのためにはこんな表

現が使える。

・**This would be a good time** to try doing what I mentioned to you the other day.（この間、私が提案したことを今やってみてはどうですか）
・I can see that you're making an effort to improve, **but you're not 100% there yet.**（改善のために努力をしていることは認めますが、まだ百パーセントには到達していませんね）

　大切なのは、繰り返しになるが、その場で問題点を指摘すること。部下はその行動をしたばかりなので、上司が何を言わんとしているのか、正しく理解できる。

★それでも改善しない場合

　以上のステップを踏んでも、同じ問題が続く場合は、**最終手段としてその問題を査定時に部下の評価表に記入する**方法がある。人事記録に残るとなると、真面目に取り組むようになる従業員もいるからだ。しかし、査定の時に部下が初めてこの問題の存在を知るようではいけない。査定の前に何度も口頭で伝え、改善されない場合にのみ、評価表に記入しよう。査定面談の時に初めて問題について切り出し、部下を驚かせるのはよくない。

★進歩を認める

　ここまですれば、部下の仕事内容は改善されるだろう。その後は上司のあなたが、**その努力と進歩に気がついていると伝えることが重要である**。問題点を批判するばかりで評価をしてくれない上司を、アメリカ人従業員はいちばん嫌う。自分の進歩や

努力が認められていないと思えば、部下は以前の望ましくない行動に戻ってしまうかもしれない。役に立つ表現を挙げよう。

・**There has been a clear improvement** in your work.（あなたの仕事は明らかによくなっていますね）
・**I appreciate that you have addressed the issue** we discussed.（われわれが話した問題を解決するためにあなたが努力していることを、私は評価しています）

第1章 アメリカ人には気をつけろ！

第16話
注文の多いアメリカ人
注文をつけるのは、好意がある証拠！？

Q アメリカ人の顧客と話をしていると、商品についてありとあらゆる意見や提案が出てくる。彼らは非常に熱心で、命令口調で迫ってくることすらある。しかし商品の設計は、営業マンである自分の担当ではないので、要望に応えられるかどうかはわからない。もちろん顧客からの意見は大事にしたいし、社内の担当者に伝えるつもりではいるのだが。顧客からの要求を必要以上にエスカレートさせないためにはどうすればよいだろうか。

★まずはどうあれ、感謝する

　顧客にとって、あなたへの提案は、あなたに何かをプレゼントするのと同じ感覚でなされる場合が多い。したがって、**あなたは感謝して当然なのである**（その提案が、非常に切迫したものであっても、あなたのために何かしたい、という気持ちから発せられている場合が多い）。また、アメリカ的な話し方にのっとれば、発言の中身がどうであれ、とりあえず冒頭では感謝の意を伝えるべきである。

　感謝の表し方にはいろいろある。フォーマルな場であれば、
・I really appreciate your **sharing your opinion with me**.
（ご意見をいただき、とても感謝しています）

・Thank you for **bringing this to my attention**.（ご指摘ありがとうございます）
・Thank you for **your helpful suggestion**.（有益なご提案をどうもありがとうございました）

インフォーマルな場であれば、
・Thanks for **telling me about it**.（お知らせくださって、どうもありがとう）
・Thanks for **letting me know**.（〃）
・Thanks for **the good idea**.（よいアイデアをどうもありがとう）

のように言えるだろう。

　十分感謝した後、実施できるかどうかは約束できないということを言う必要がある。ここで重要なのは、それをはっきり言いつつも、前向きなイメージを与えることだ。そこで、自分は何をやるつもりかをできるだけはっきり言おう。まず冒頭では、
・**I can't guarantee that** we can make a change right away, but ...（すぐに変えられるかどうかは保証できませんが）
・**I can't promise that** we'll be able to implement your suggestion immediately, but ...（あなたの提案を即座に導入できるかどうかはお約束できませんが）
・**We may not be able to** change it soon, but ...（すぐには変更できないかもしれませんが）

　そして、その後に引き続いて、
・**I'll make sure that** the design staff looks into it.（設計担当者に必ず調べさせます）

・**I'll bring it up** with the engineers.（技術者に指摘します）
・**I'll let** the designers **know** about it.（設計担当者に知らせます）
・**I'll pass along your comments** to the appropriate people in our company.（当社のしかるべき担当者にあなたのご意見を伝えます）

繰り返すが、この後半部分は、自分が本当に何ができるかを示すため、できるだけ具体的に言った方がよい。

★別件の時にもさらりと触れる

　同じ顧客と別件でその後会ったとき、あるいは、電話で話をしたりする場合、**提案を忘れていないし、それをちゃんと担当者に伝えたということに軽く触れた方が望ましい。**

　その際にはあらためて、「感謝の言葉→自分は何をしたか→その結果」の順番で報告しよう。例えば以下のように。

I haven't forgotten about your good suggestion. I told the engineers about it, and **they are studying it**.（あなたの素晴らしい提案は忘れていません。技術者にそれを知らせて、彼らに調べてもらっている最中です）や、

Thanks for giving me the helpful feedback when we talked last. I let the designers know about it, and **they appreciated the input**.（先日は有益なご意見をいただき、ありがとうございました。設計担当者に伝えたところ、感謝しておりました）など。

　ここでちょっと注意したいのは、通常、日本企業は米国企業

ほど反応が早くないため、アメリカ人顧客が期待しているスピードでは対応できないということだ。例えば、アメリカ人顧客の方から、Why haven't you done anything about it yet?（なぜまだ何もしていないのですか？）や When are you guys ever going to fix this?（あなたたちはいったいいつこの問題を解決するつもりですか？）のようなクレームが来るかもしれない。その際には、自分も相手の提案に同意していること、そしてまた、自社はその問題を無視しているわけではなく解決策を模索している最中だということを伝える必要がある。

　その際、使える表現として以下が挙げられる。
We haven't forgotten about your suggestion. As you know, these things can take time. But rest assured that I passed along your comment and my colleagues **are working on it**.（あなたの提案を忘れているわけではありません。ご存じのように、こういったことには時間が必要です。あなたのコメントは伝えてありますし、スタッフが検討している最中ですので、ご安心ください）や、
I agree it's frustrating when things take so long, but before we make changes **we have to study them** carefully. **We aren't ignoring the problem.**（長引いているとイライラされるのはわかりますが、変更には慎重な検証が必要なのです。問題を無視しているわけではありません）など。

　もし進捗状況に関して言えることがあれば、それも報告しておくべきだ。どういう状態かわからないなら、
Since you mentioned it, I'm going to follow up with them

again to **check on the status**.（あなたのおっしゃるとおり、私も彼らに連絡して進み具合を確認するつもりです）と言って、情報を入手した後に報告することが望ましい。日本では、最終的結論がまだ出ていない場合は、何も言わないという傾向がある。しかし、それはアメリカ人にとって何も起こっていないように見える。したがって、ゆっくりであっても進歩があるのなら、それを伝えよう。

　あるいは、何も進歩がなければ、そのことを正直、かつ丁寧に言うことも必要だ。

I agree with you that this is a potential area for improvement. However, there are many things that we want to do to improve the product, and there is a limited number of engineers. So **it may be awhile before** we can get to this.（これは私も改善の余地があると思います。しかし、商品を改善するためにやりたいことは山ほどあって、技術者の数は限られています。したがって、これを実施するまでにちょっと時間がかかるかもしれません）や、

Although this is a good idea, there are **some other improvements** we are working on **that have precedence over it**. I'm sure you'll be pleased with the changes we are making, and we won't forget about your suggestion.（これはよいアイデアですが、今着手している改良の方が優先順位が高いのです。この変更にはご満足いただけると思いますし、あなたの提案を決して忘れているわけではありません）のように。

★コミュニケーションの「輪を閉じる」

顧客の提案が導入された時、それを顧客に伝えることも重要だ。例えば、It took a while, but I want to let you know that **your suggestion was reflected** in the design for the new model. **Thank you again** for your input.（時間はかかりましたが、あなたの提案が新しいモデルのデザインに反映されたことをお伝えします。あらためて、あなたのご意見に感謝いたします）のように。

　このような報告は、英語では"close the loop"と呼ばれ、アメリカ人は非常に好む。close the loopとは、直訳すれば、輪状のもの（ループ）を閉じる、ということだ。コミュニケーションというのは二者の間のループであり、顧客が会社に意見を言って、会社がそれに反応することによって環が閉じられる（完成する）のである。むろん顧客だけでなく、アメリカ人従業員の意見や提案に対しても、close the loopするのが望ましい。

Chapter 2

第2章

こんな日本人と日本企業も コマリマス………

アメリカ人はまったく……！ と思うことは多いけれど、日本人だってカンペキではありません。本当はアメリカ人のやり方の方が効率がよかったり、合理的だったりするのかも。日本人や日本企業にとっての「当たり前」が、実は不信の目で見られていることもあるのです。アメリカ人の言い分も聞いてやろうじゃないですか！

第1話
無口な日本人
会議で発言しないのは、参加していないのと同じ

Q ある在米日系企業では、新しいプロジェクトのために日本人とアメリカ人の混合のチームが作られていた。しかし、6週間がたった時点で、チームリーダーであるアメリカ人従業員に聞いてみると、日本人メンバーに失望していると言う。その理由は彼らがいつも静かであまり口を開かず、チームに対し貢献していないかららしいが。

★参加者は皆、発言する義務がある！

　このアメリカ人の意見の裏には、「貢献すること＝会議で発言すること」という前提がある。日本国内であれば、会議に参加して何も発言しないこともあり得るだろう。しかし、米国の会議は意見交換の場とされているので、発言しない人は意欲的に会議に参加していない、と思われる。それどころか、どうしてこの人を会議に呼んだのか、と疑問に思ったり、その日本人が何を考えているかわからないので、非常に不安に感じたりする人もいるはずだ。こういった誤解を生まないためには、本当に言いたいことがないのなら、I agree with what everyone else has said.（他の皆さんがおっしゃったことに賛成します）や I don't have anything else to add.（補足事項はありません）などと言えばよい。

しかし実際には、言いたいことがないのではなく、言いたいことがあっても話に追いつけないのではないだろうか。アメリカ人と日本人とでは、話の運び方が異なる。日本人はある人の発言と次の人の発言の間に間をもたせるので、前の発言をよく理解して適切な答えや反論をまとめることができる。しかし、アメリカ人同士の会話では、そういった余裕はない。各人の発言の後、次の人はただちに口を開くし、他人がまだ話し終わっていないのに話し始める人も少なくない。

ここで、「絶えず自分の言いたいことの準備をしていたら、他の人の発言に集中できないのではないでしょうか」という質問が来るかもしれない。そういう時も皆無とは言えないが、自分の母国語なので、アメリカ人は聞くことと言いたいことの準備をかなり両立できる。どちらかを犠牲にする場合は、自分の言うことをまとめる作業を省略しがちだ。話すうちにまとまってくるはずなので、とりあえず何か発言しよう、ということが多いのだ（第1章第8話を参照）。まとまった文章で話すより、自分の主張を積極的に口にする方が重要だと思っているのである。

★沈黙アレルギーのアメリカ人

この、すきまのない会話の背景にはアメリカ人の、沈黙に対する"アレルギー"のようなものがある。沈黙が数秒以上続くと、アメリカ人はとても居心地悪く感じるので、誰かがすぐ発言するのだ。例えば米国の会社が日本の会社に何かを売る場合。アメリカ側が値段を提示しても、日本側からすぐに返答がなく、沈黙がしばらく続くケースが多い。日本人はただ熟考していることが多いのだが、沈黙の嫌いなアメリカ人はこれを悪い意味に解釈す

る。彼らは動揺して、自分のオファーした価格が好ましくないのだろうと思い、日本人が口を開く前に「2割引きにします」などと言ってしまうのだ。これを逆手にとって価格を下げさせるという戦法もあり得るが、そのような意図がなくともこういったことは頻繁に起きているようだ。

また、この"沈黙嫌い"は一対一の会話でも見られる。**相手が言葉を選びながらゆっくりしゃべると、アメリカ人は finish someone else's sentence（相手の文章の最後を予測して、先に言う）ことが多い。**日本人は、これは礼儀にかなっていないと思うかもしれないが、アメリカ人にとっては、ただ単に相手の言わんとしたことを代わりに言ってあげる、という親切心からの行為なのだ。

間をとらなくても、アメリカ人が有意義なディスカッションができるのは、早いペースの言葉のやりとりに慣れているからであろう。彼らは小学生のころから教室でディスカッションに参加し、考えていることを言葉にする訓練を行っている。アメリカの教育制度はこういった「自己発言力」を育成することにかなりの重点を置いているのだ。これは教室の中で先生が言うことを静かに聞く、日本式の授業とはかなり違う。

★「失礼にあたるかも？」と思うくらいのことをやれ！

沈黙を許さず、早いペースで進められる米国流会議において、日本人の最も大きな課題は、自分の意見をどうやって差し挟むか、ということである。これには大変な努力が必要だが、とにかく勇気を出して「言葉の激流」の中に飛び込むしかない。人

の発言をさえぎったり、皆の注目を引くために手を動かしたりなど——日本だったら失礼だと思われかねないこと——をしてもかまわない。それくらいアグレッシブでないと、アメリカ人との会議では発言できないのだ。

　また、外国語で会議を聞きながら言いたいことを文章にするのは難しいので、自分の意見を会議の前に準備しておくこともお薦めしたい。必要であれば紙に書いておいてもよい。以上の対策を講じても発言できそうになかったら、会議の前に議長に一対一で交渉し、発言する時間をくれるよう頼んでおいてもよい（議事進行のうまい議長であれば、スムーズに、まるで事前の取り決めなどなかったかのように、あなたの発言を取り込んでくれるはずだ）。

　言うまでもないが、会話の内容がわかっていなければ、発言はできない。もしも話のペースが自分にとって早すぎるだろうと予測できたら、それも事前に議長に指摘しておく方がよい。あるいは会議の流れをいったん中断させてもかまわない（詳しくは122ページ参照）。もし会議の場に自分以外の日本人やその他の英語を母国語にしない参加者がいれば、I の代わりに we を使ってもいい（そうすると、英語を母国語にしない参加者全員の代表の発言ととらえてもらえる）。

　たぶん、大方の日本人は、こういった発言を恥ずかしく感じるだろうが、その必要はまったくない。**英語を母国語にしているわけではないので、こうした主張は当然の権利なのだ。また、こう言われたからといって気分を害するアメリカ人もいない**。ほとんど

のアメリカ人は自分の話し方が早いとは夢にも思っていないので、指摘されない限り自分からペースを落とさないのだ。米国で仕事をしている日本人は、もちろん、英語習得の努力をすべきだが、アメリカ人の方にもわかりやすい英語を話す責任がある。ほとんどのアメリカ人はそこまで考えていないので、意識させるのは日本人の役割なのだ。

★「部署に戻って検討します」は禁句！

　日本人の多くは、グループの他のメンバーと相談してからでないと、あまり決定的な発言をしない傾向にある。これが、日本人を無口にしてしまう原因の一つとも考えられるだろう。しかし、アメリカ人は（議会や国連などの場を除いて）自分の所属部署がどうであれ、自分自身の考えを述べることの方が多い。これは集団の行動を重視する日本人と個人の行動を重視するアメリカ人の違いかもしれない。したがって、**少なくとも米国においては、日本人も、会議の場で部署の意向と違うことを言っても許されるし、むしろ言った方がよい**。気になるなら、冒頭で、This is just my personal opinion, but . . .（これは私個人の意見ですが……）と前置きをする（詳しくは122ページ参照）。アメリカ人にとっては、たとえこういったqualification（制限）のついた意見であっても、何も言わないよりはずっとよいのだ。

第2章 こんな日本人と日本企業もコマリマス……

第2話
会議が苦手な日本人 (1)
アメリカ人と日本人の会議が平行線をたどるわけ

Q 「アメリカ人と会議をすると、話の流れが速すぎて、意見が言えない」「アメリカ人は口がうまくて売り込みが上手だから、好ましくないアイデアでもよく聞こえて、是非が判断しにくい」——米国に進出している日系企業の管理職から、こうした不満をよく耳にする。しかし、日系企業のアメリカ人従業員もまた、会議について多くの悩みを抱えている。「会議中に突然、日本人同士で日本語の会話が始まる。われわれにはわからないので、話に参加できない」「重要なテーマより、瑣末なことに時間を使ってしまう」など。この溝はどうやって埋めればよいのだろうか。

もちろんどこの国の企業でも、会議のやり方はいつも問題になる。これは万国共通のことだ。しかし、米国に進出している日系企業の場合、上記のコメントが示すように、文化の違いや言葉の壁があるため会議はアメリカ人にとっても日本人にとってもいらだちの原因となっている。理由を考えてみよう。

★日米での「会議の役割」の違い

南カリフォルニア州立大学のアンケート調査によると、米国企業で会議を開く理由は次の通り。
29％：対立を解消する（reconcile a conflict）

26％：グループとしての判断・決断を行う（reach a group judgment or decision）
11％：問題解決（solve a problem）
11％：皆が理解したかどうかを確認する（ensure that everyone understands）
5％：スタッフ間のコミュニケーションを促進する（facilitate staff communication）
5％：プログラムに対する支持を得る（gain support for a program）
4％：新しいアイデアと理念を追求する（explore new ideas and concepts）
2％：報告を受ける（accept reports）
2％：プロジェクトやシステムを発表する（demonstrate a project or system）

　このリストによると、会議を開く理由として多いのは意思決定や問題解決である。つまり、**アメリカ人の考え方では、会議というのは討論・相談（debate and discussion）の場**。一方で日本企業でよく行われる会議の目的は、「皆が理解したかどうかを確認する」や「報告を受ける」だろう。

　こういった会議に関する考え方の違いから誤解が生じやすい。日本の場合、事前に提案書を回覧するなどして根回しを行うので、実際の会議の場では、すでに方向がだいたい固まっているのが一般的だ。しかし米国の場合、皆が参加する会議の場で情報の提出と意見交換を行い、物事を決めるわけだ。

この2つのやり方は、当然衝突してしまう。日本人は、「どうして、会議がそんなに激しい言い争いになってしまうのか」と思うだろうし、アメリカ人は「なぜ会議の前に、われわれに相談もなく日本人の間ですべてを決めているのか」と思うようになる。その結果、どちらもフラストレーションがたまり、会議自体が不愉快な経験になってしまうのだ。

★論争は健康的！

　話し合いや討論は、米国では問題解決のための最もよい方法とされている。前話でも取り上げたように、小学校の授業でもディスカッションが頻繁に行われ、生徒は積極的に先生に質問をして、先生と違った意見も平気で口に出す。高校では、ディベート・クラブというクラブ活動の人気が非常に高い。また、弁護士が憧れの職業で、*L.A. Law* や *The Firm* のような裁判に関する映画やテレビ番粗が大ヒットとすることも、アメリカ人の討論好きを表していると言えるだろう。

　一方、日本の社会の中では、本当の討論というのは少ない。学校では、生徒は静かに先生の話を聞くのが普通だ。一般社会においても、米国に比べて弁護士の数は少なく、示談などのように、討論以外の方法で問題が解決されることが多い。

　その上、「意見が異なる」ことに対する考え方も日米では違っている。日本で「不和」や「不調」と受けとられることが、米国では「討論」や「建設的論争」（constructive controversy）と考えられる場合が多い。アメリカ人は、「意見」と「個人としての、相手に対する感情」を完全に区別しているので、二人の

人間が強く反発しあっていても、それが双方の友好関係に悪影響を与えたりしないことをわかっている。だからこそ、自由に討論できるのである。また、アメリカ人は、人それぞれに違った考えと観点があるから、ある程度の論争が起こるのは当たり前で、問題解決につながるような論争は健康的、とすら考えている。したがって、年長者や上司に対しても、異論を唱えるのは悪いことではないのだ。

日本の場合、「相手に反対する＝相手が嫌い」というニュアンスを含む危険がある。つまり、違った意見を口にすれば相手との関係が悪くなる場合があるので、討論は日本の文化になかなかなじまないのだ。そう考えると討論好きのアメリカ人と会議をする時、話が順調に進まず誤解が生じるのは自然なことだ。

★「口がうまい」は、アメリカ人への褒め言葉?!

また米国では、ものを直接、正直に、はっきり言うのはよいことだとされている。実際、英語には問題を「表に出して話し合う」という表現がたくさんあり、例えば、Clear the air.、Get it off your chest.、Put your cards on the table.、Let it all hang out.、Let off steam. は代表的だ。

しかし日本の場合、もっとあいまいな言い方をすることが多い。それはある程度、日本語の言語構造に起因するものでもある。また相手の顔をつぶさないよう、否定的な情報を間接的に伝えることも多い。It can't be done; It's impossible.（それは不可能です）の代わりに、That would be a little difficult.（それはちょっと難しいです）と言うのはこの典型的な例だろう。この違

いからも問題が生じる。アメリカ人には日本的なあいまいさは通じないし、アメリカ人の直接的なものの言い方は、日本人には失礼に感じられ、評価されないことが多いのだ。

　また、米国では言葉でコミュニケーションをとるが、日本では non-verbal communication（非言語的コミュニケーション：体の動作や口調）の役割が大きい。また、日本語で言うところの「口がうまい」はよい意味ではない。こんな日本的な観点から見れば、アメリカ人は「しゃべり過ぎ」で「論争好き」だが、アメリカ人から見れば、日本人は「無口」で「不可解」なのだ。このように、違った会話スタイルが存在するので、アメリカ人と日本人の会議がうまく行かないのは当然である。

★日本流でも米国流でもない会議のやり方を！

　以上に述べた日米の相違と、その産物である非効率的な会議は、絶対に避けられないわけではない。これらを乗り越えるための方法を編み出す必要があるのだ。「時間がたてば解決するだろう」とか、「お互いに慣れるだろう」と言っていてはいけない。なぜならば、異文化コミュニケーションは特別なスキルで、日本人もアメリカ人も今まで経験してきていないものだからだ。「異文化スキル」という道具がなければ、誤解を重ねてしまうだけである。**自分の国の中で通用している方法だけに頼れば、同じ問題が繰り返される。この悪循環を止めるには、日本人とアメリカ人が共通して利用できるコミュニケーションの方法と会議の手順を設定するしかないのだ。**具体的な方策は次項で述べる。

第3話

会議が苦手な日本人 (2)

うまい会議の進め方：始め方と終わり方をしっかりと

Q 日本人とアメリカ人が会議をする時、どんなことが誤解の原因になるだろうか。在米日系企業における会議例を挙げてみよう。この会社では新製品の価格を決めるため、会議を行うことになった。参加者は、日本人の田中さん、佐藤さん、山口さん（発言なし）、アメリカ人はブラウンさん、スミスさん、シュワルツさん、グリーンさんの合計7人である。会議は以下のように英語で進められた。いったいこの会議はなぜうまく行かなかったのだろうか？

田中：What are your recommendations for the pricing for the new widget?（新商品の価格設定について何かいい案はありますか）

ブラウン：I recommend positioning this as a low cost product. How about thirty dollars a unit?（低価格品とすることを提案します。一台30ドルでどうでしょうか）

スミス：This makes sense as a low cost product. That's where the market is headed.（低価格品とすることに賛成です。市場では低価格品が売れる傾向にありますから）

シュワルツ：What about 20 dollars a unit? That will put us below the price charged by Company Y.（一台20ドルはどうですか。そうすれば、Y社の価格を下回りますが）

ブラウン：Don't you think that's too low?（それは安すぎはしませんか？）

シュワルツ：Not if we can sell in large quantities.（大量に販売すれば、安すぎることはありません）

スミス：I'm sure we'll be able to do that.（大丈夫、売れますよ）

佐藤：Actually, perhaps we should think about a price in the range of 50 dollars.（実のところ、一台50ドルあたりで考えるべきかもしれませんね）

グリーン：I agree with Schwartz. Twenty dollars a unit would be good.（僕はシュワルツさんに賛成です。一台20ドルは適切でしょう）

スミス：Yes, I really think that would be a good idea. It will be a low cost product as a foot in the door with some of our price-sensitive customers.（ええ、私もいい考えだと思います。値段に敏感な顧客にアピールできる低価格品になりますね）

グリーン：That's how I see it.（僕もそう思います）

シュワルツ：Those customers in the South have really been pushing on pricing lately. I think I must have some numbers on that somewhere.（南部の顧客は価格設定について最近、かなり不平を言っていますね。どこかにそのデータがあると思うけど）

ブラウン：I don't know. I still think 30 dollars is better. We have to think about our margins. Mr. Tanaka, what do you think?（さあ、どうでしょうね。私はやはり、30ドルがいいと思うのですが。利益率を考える必要がありますからね。

田中さん、どう思いますか)
田中：I'll have to think about it. (少し考えさせてもらいたいですね)
ブラウン：But why can't you give us your opinion right now? (なぜ今、意見を言ってもらえないんですか)
田中：We'll need to study it further. Mr. Satoh, Mr. Yamaguchi, and I will discuss it and get back to you. (もっと研究する必要があるからです。佐藤さん、山口さんと話し合って、後でお返事します)。

★会議でのすれ違いの原因は？

　以上の会議記録を読めば、この会議がいかに非効率的かということがわかるだろう。もちろん、これはかなり単純化した例だが、残念なことに、在米日系企業の多くでこういった会議が行われている。この会議において、どこにすれ違いの原因があったのかを見ていこう。

・アメリカ人は会議で意見交換を行う
日本では、会議の前に参加者に議題を伝えてだいたいの方向づけを行い、会議でコンセンサスをとって終わる場合が多いが、米国にはこうした根回しの習慣はない。アメリカ人にとって会議は意見交換の場なのである。したがって、日本式の会議のやり方に準ずるならば、ブラウンさんは会議の前に他のメンバーの意見や情報を集めなければならなかったわけだ。アメリカ人参加者はそれをせずに、自分達の会議の習慣に沿って会議中にディベートを始め、日本人参加者をはらはらさせている。

・日本人の不参加
発言の大部分をアメリカ人参加者が占めているのも特徴のひとつだ。佐藤さんは一度意見を言おうとしたが、アメリカ人の注目を得ることができなかったため、あきらめてしまった。その上、アメリカ人は自分たちの話に夢中になっていたので、佐藤さんの意見を最後まで聞こうとしなかった。

・アメリカ人との話し合いから撤退する日本人
この会議の内容に日本人の参加者が満足していないのは明らかだし、結論を出すための十分な情報もまだ得られていないと思っているだろう。ここではアメリカ人参加者に、価格設定のために何の情報が足りないかを説明し、さらに情報収集するよう依頼すればよかったのだ。しかしそうせずに、日本人だけで会議の続きを行うことにしてしまった。日本人だけで価格を決めてアメリカ人従業員に伝えれば、アメリカ人は「われわれは意志決定から外された！」と文句を言うだろう。

★よりよい会議運営のためのヒント：5カ条

この会議例では、アメリカ人の行動も日本人の態度も理想的とは言えない。アメリカ人の方は、まとまった情報を出さず、日本人の理解度を確かめず、ただただ散漫なディベートをした。日本人の方は、米国式話し合いには参加しにくいので、本当の話し合いは会議の後で、しかも日本人のみで行うことにした。双方とも十分コミュニケーションをしていない。

こういった、時間を浪費するばかりの会議を避けるにはどうすればよいのだろうか。次にヒントをいくつか挙げてみよう。

1. 会議のリーダーを指名する (**designate a leader**)

話を本筋から外れないように進め、大切な議題をすべてカバーするためには会議を管理するリーダーを一人指名しておくとよい。普通は最も地位の高い人、あるいは議題に最も詳しい人を指名する。前出の会議例では誰がリーダーか不明確だった。

2. 議事日程 (**agenda**)

会議の前に議事日程を配っておくと、全員が前もって会議のために準備でき、同じ目的意識も持てる。会議の最中に議事日程を参照すれば、話が大筋から外れることはないだろう。大人数の会議だけではなく、二者間での打ち合わせのような場合も、議事日程は役に立つ。前出の会議例では議事日程がなかった。

3. 議事録 (**minutes**)

議事録を書く人を選んで、会議で報告されたこと、あるいは決まったことを記録してもらう。前出の会議例では、議事録を書く人もいなかったようだ。

4. 会議開始の際のコメント (**opening comments**)

会議を始める際、リーダーは以下のことを説明するとよい。

A. 議題：この会議でどんなことを話し合うか
B. 目標：この会議でどんな目的を達成したいか
C. やり方：この会議はどんな手順と順序で進めていくか
D. 話の限度枠：議題に関係しているが、この会議では討論しないトピック

具体的には、このように会議を始めるとよいだろう。

例：**The purpose of today's meeting is** to select a supplier for our new product. We have received product information and price bids from ten potential suppliers. We will discuss the pros and cons of each supplier individually. **This meeting is limited to** discussing the supplier selection. **Other topics**, such as our manufacturing process for the new product, **should be reserved for other occasions**.（今日の会議の目的は新商品のための下請け会社を選ぶことです。発注候補10社から商品情報と見積もりをもらいましたので、1社ずつ、それぞれの強みと弱点を検討しましょう。この会議では下請け会社の選出についてのみ話し合いますので、新商品の生産過程などについては別の機会に回します）

　前出の会議例では、このような事前のコメントはなかった。

5. 会議のまとめ（**summary**）
　会議終了時、リーダーは下記のことを述べて皆に確認する。
A. 何が達成されたか
B. 決めたことのリスト
C. 各参加者がこれからしなければならないことの再確認
D. 行動の締め切りの確認
E. 次の会議の日時の決定
　前記の会議では、このまとめもなかった。

　以上のようなステップをきちんと踏まえれば、会議における意志の疎通はかなりうまく図れるはずだ。

COLUMN

アメリカ人との会議で口を挟む術

　アメリカ人との会議はペースも速いし、皆よくしゃべるので、なかなかついていけない。でも自分もどうしても一言言いたい！　という時には、「言葉の激流」に飛び込んで、全員の目と耳を向けさせなければならないのだ。ここではそんな切羽詰まった場面で使えるフレーズをいくつか紹介しよう。

会議を中断してもらう

——まずは皆の目をあなたに向けさせよう

Can we stop here for a moment? I'd like to point something out.
(ここで会話をしばらくストップしてもいいですか。指摘したいことがあります)

May I interrupt for a moment?
(ちょっと口を挟んでもいいですか)

Is it OK for me to stop the conversation for a moment?
(会話をしばらく中断してもいいですか)

Can we take a time out here?
(ここで時間をいただいてもいいですか)[フットボールなどのスポーツで使う、"タイムアウト"のジェスチャーをしながら言うと、皆の注目を集めることができる]

会話のスピードが速過ぎることを伝える

——相手にあなたの苦境を説明しよう

You all may not realize it, but you're talking really fast. It's hard for me to follow what's going on.
(お気づきではないと思いますが、皆さんはとても早口なので、私は会話についていくのがやっとです)

The fast pace of this conversation makes it difficult for non-native speakers like myself to follow you.
(この会話のペースは、私のようなノンネイティブにはとてもついていけません)

I'm starting to lose track of the conversation. Can we go over what was just said?
(会話の流れを見失ってしまいました。先ほどの話の内容をもう一度繰り返していただけませんか)

I'm having trouble keeping up. Could we slow down a bit?
(スピードについていけません。少しペースを落としてもらえませんか)

個人的な意見だということを前置きする

―― これであなたが責任をとらされる心配はない！

This is just my personal opinion, but . . .
(これは個人的な意見ですが……)

Because I haven't discussed this with the head office I can't give any final answer, but personally my initial impression is that . . .
(まだ本社と相談していないので最終的な答えは出せませんが、私個人の第一印象は……)

I'd like to get back to you after I find out how the others in my group feel about it, but my individual opinion is . . .
(部内の他のメンバーの意見を聞いてからまた報告したいと思いますが、私の個人的な見解としては……)

I'm not sure what the others in my group would think about this, but personally my reaction is . . .
(部内の他のメンバーがどう考えるかは定かでありませんが、私個人の意見としては……)

第4話
日本語を話したがる日本人
アメリカ人に不安を抱かせないために日本人ができること

Q アメリカ人従業員三人と日本人従業員三人が英語で会議をしている。途中で一人の日本人が「ちょっといいですか」と他の日本人に向かって日本語を話し始め、10分が経過する。アメリカ人はとても不快そうな顔をしていて、会議の後には彼らの文句が聞こえた。

★悪いのはどっちだ？

　このようなケースは在米日系企業で頻繁に起こるが、日本人とアメリカ人の言い分はかなり違う。日本人は、会議の中で日本語を使うのは望ましくないが仕方ないと考える傾向がある。その上、大切な細部を確かめるためには日本語で話す方が安心だとの意見を持つ日本人も多い。一方、多くのアメリカ人は日本人が突然日本語で話しだすと、失礼だ、あるいは、悪くすれば秘密主義的だと感じる。アメリカ人は外国人に対し、米国では英語を話すべきだという気持ちを強く持っているからだ。また、前にも書いたように、アメリカ人の大半は外国語をしっかり学んだことがないので、母国語ではない言葉を実際に使う難しさを経験したことがない。

　さらに日系企業の場合、日本人とアメリカ人の組織内部における力の均衡差（difference in organizational power）が問

題になる。本社からの電話やファクスなどを受けている日本人は、アメリカ人の目には大きな権限を持っているように映る。自分が情報の流れや意思決定プロセスから常に疎外されていると感じるアメリカ人従業員も少なくない。会社が何らかの対策を立てないと、彼らは被害妄想（paranoia）に陥ってしまう危険性がある。例えば今回のようなことが起こると、**日本人は何か秘密の情報やアメリカ人の悪口、要するにアメリカ人の耳に入れたくない話を隠すためにわざと日本語で話しているのだと、多くのアメリカ人が解釈してしまう**。彼らを安心させながら、しかも会議を効率よく進めるためにはどんな対策があるのだろうか。

　一つには、言うまでもないが、日本人の英語能力を向上させることが挙げられる。個人の努力に任せるのではなく、会社での研修など、正式な形で各駐在員に対して英語レッスンの機会を与えるべきである。レッスンに参加する時間のない人のために、会社から英語の教材を提供するのも有効である。また一方で、アメリカ人従業員に日本語を勉強する機会を与える（詳しくは第2章第10話を参照）ことも可能だ。週2、3回のレッスンだけでアメリカ人が日本語を商用に使えるようになることはもちろん期待できない。だが、会社の方から日本語のクラスを提供したり、外部（大学など）のクラス費用を補助したりすれば、たくさんのメリットがある。

★今日からできる"日本語"対策

　以上のような双方の語学力の向上は長期的な対策であるが、すぐできることとして以下が挙げられる。

・日本語を使わなければならない理由を事前に説明する
英語から日本語に切り替える前に、なぜ日本語を使う必要があるのかを説明すればよいのである。例えば This is a new concept that is difficult for us, so **I want to make sure that we all understand correctly**.（このコンセプトは私たちにとってまったく新しい、理解しにくいものですので、皆が正確にわかっていることを確認したいと思います）というふうに言う。Excuse us, but . . .（すみませんが）や We don't mean to be rude, but . . .（失礼なことをするつもりはないのですが）といった一言を入れれば、より丁寧になる。

・日本語の部分を短縮する
日本語の会話が10分も続くのは長すぎるだろう。必要なことだけを日本語で話して、できるだけ早く英語に戻すのが望ましい。

・日本語の会話の中に英語を入れる
日本語で会話をしている間に、英語の単語（特に名詞）を混ぜれば、同席しているアメリカ人も話題が何となくわかるので安心する。

・日本語の会話が終わった後に、その内容を英語で説明する
特に何か大切な情報を伝えたり、決定した事項があるなら、それを同席しているアメリカ人に知らせるのは重要である。

・質問は直接アメリカ人にする
英語の会話の途中でわからない点が出てきたら、質問してそれを確認したいだろう。もちろん、隣にいる日本人に聞く方が簡単だろう

が、できるだけアメリカ人に聞くようにする。そうすれば日本語の会話にならないし、アメリカ人にも質問の理由がわかる。

　質問や疑問点が生じる理由として、実は、アメリカ人の話し方自体が問題になっている場合も多い。早口で話したり、口語や専門用語をたくさん使ったり、論理的でなくだらだらと話すことで日本人を混乱させることがあるからだ。もちろん彼らは意図的にそうしているのではない。ただ英語を母国語にしない人と話すことに慣れていないのである。日本人の方から、彼らの話し方で改善できるポイントがあれば指摘するのが望ましい。**アメリカ人の話がわかりづらいため質問をするのは、百パーセント日本人の能力不足のせいではない。**アメリカ人に説明・確認を依頼することで、自分の話があまり明快ではないと意識してもらうとよい。

・アメリカ人から事前に書類を渡してもらう
アメリカ人は情報や意見の発表を会議まで待つ習慣があるが、**会議の書類と参考資料が事前に日本人参加者に渡っていれば、非常に役立つ。**日本人がそれを使って準備しておけば、会議の場で突然難しい単語やコンセプトに出合っても当惑せずにすむからだ（他のアメリカ人参加者にとっても事前に資料を配布するのは役に立つだろう）。

・会議で日本語を使ったら、軽い懲罰を与える
日本人に十分な英語力があるのに、アメリカ人のいる会議で日本語を使ってしまうことがある。それが努力の欠如であれば、この対策は適切かもしれない。会議ではすべて、英語で話すと

いう規則を決め、これが本当に皆が守らなければならない規則であることを示すために、事務所のトップが指示を出して、本人もそれに従う。**そして誰かが会議で日本語を使う度に、社内のパーティー用基金に25セント〜1ドルくらいを寄付させるようにするのである**（そのためのコップを会議室の卓上に置いておけば、常にその規則を思い出せるだろう）。厳しすぎるように聞こえるかもしれないが、直接財布に響くとなると、人間は行動を変えるものである。

第2章　こんな日本人と日本企業もコマリマス……

第5話
すぐ転勤してしまう日本人

日本人はなかなか相手を信用しない国民だった！

Q 自分の下で長年働いていたアメリカ人従業員が、ふと、こんなことが心配だと打ち明ける――「数年をかけて、私たちは信頼関係を築いてきました。このことをとてもうれしく思っています。しかし、あなたはずっとアメリカにいるわけではなく、いつか日本に戻らなければならないでしょう。その時、次の赴任者との人間関係を一から築かなければならないのが残念です」とのこと。言われたとおり、自分の帰国はたぶん来年あたりになりそうだ。こうした部下の懸念にはどう答えればいいだろうか？

★欧州系企業よりも日系企業の方が問題の根が深い！

　日系企業で長く働くアメリカ人が抱く不満の一つに、一緒に働く駐在員（特に直属上司）の異動の度、一から信頼関係を築き直さなければならなくなる、ということがある。「せっかく努力して、私の能力を上司にわかってもらい、仕事を任せられるようになったのに、次の駐在員が来るとまたゼロから人間関係がスタートする。また試験期間が始まるようで、とてもいやです」、「どうしてこの組織は、私の長年の業績を記憶しておいてくれないのでしょうか。新しい駐在員が来る度に、私は新入社員の状況に戻ってしまいます。数年ごとにこのサイクルを繰り返すのは非常に疲れます」など。

もちろん、どの国の多国籍企業でも、駐在員は定期的に入れ替わる。したがって、そこから生じる現地人従業員の不安は、どこでも同じはずである。しかし日本企業の場合、問題はより深刻になる。なぜなら、ヨーロッパの企業に比べ、日本の企業は母国から赴任してきた駐在員の比率がはるかに高いため、駐在員の入れ替えが組織に与える影響が大きいからだ。さらに、日本文化の特徴として、信頼関係を築くためにかなりの時間を要する、ということもある。

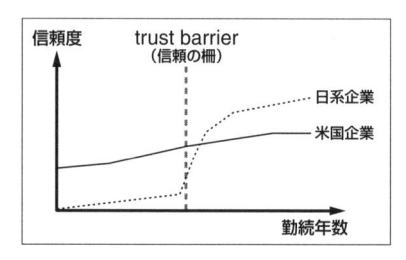

```
信頼度
    │        trust barrier
    │        （信頼の柵）
    │           ┊             日系企業
    │           ┊         ／
    │           ┊      ／
    │           ┊   ／  ───── 米国企業
    │ ─────────┊／
    │           ┊
    └──────────────────── 勤続年数
```

　これは、日本人（日系企業）とアメリカ人（米国企業）の信頼度の築き方を示すグラフだ。アメリカ人は最初からかなり相手を信頼し、仕事を任せる。しかし、**日本人の場合、最初はあまり相手に任せずに、「試験期間」を設け、実績を見て相手の能力と態度を計ろうとする**。相手に関して十分な情報を得たら、trust barrier（信頼の柵）を越えて一挙にドンと任せるようになる。しかし、そうなるまでにはかなり時間がかかる――数カ月、あるいは数年間。アメリカ人従業員はこの試験期間に慣れていないので、非常につらく感じる。自分の仕事は評価されていない、自分は一人前の従業員として認められていない、自分の過去の努力は無視されている――そう解釈してしまうのだ。この状態が数年おきに繰り返し起これば、なおさら不快に感じる。

★信頼関係を手早く築く方法

なぜアメリカ人や米国企業は、最初から相手を信頼できるのだろうか。実は次のような手段を利用するからなのだ。日系企業もまた、この方法を利用すれば、長引く試験期間を短縮することができる。

・ジョブディスクリプション（職務内容記述書）
ポストごとに用意し、各人の仕事内容を明確に規定する。これがあると、駐在員が代わっても、新しい駐在員は各人の仕事をすぐ把握できるので、誤解が生じにくい。

・コントロール
米国の企業はコントロール（数字による従業員の実績の確認、社内審査によるチェック、など）を厳密に行うため、従業員に任せた仕事で問題が起こればすぐに見つけられる。

・目標
査定制度の一環として具体的な目標を与え、それを達成したかどうかを見ることは、各従業員の担当範囲を明確にする。目標がきちんと設定されていれば、新しい駐在員が来ても、あらためて新しい目標を立て直す必要はない。また、各従業員の過去の目標達成度の記録を残しておけば、新しい駐在員は一目で各人の実績を把握できる。

・ポリシー（企業方針）
米国企業はポリシーを社内ルールとして積極的に利用する。そ

のために、従業員手引き(従業員マニュアル)は不可欠である。さらに、多くの米国企業はマネージャー用ポリシー・マニュアルを用意している。私が知っているある米国の大手企業では、各マネージャーの机に分厚いPolicy Manual(ポリシー・マニュアル)が置かれている。その中には、マネージャーが直面する可能性のある、ありとあらゆる難題への対応法が書いてあるのだ——社員採用のように頻繁に発生することから、通常は起こらないと思われる未曾有の事件に対する危機管理についても。マネージャー全員がこのマニュアルに従わなければならないので、誰がマネージャーになっても、判断基準が揺るがないという利点がある。

・手続き

上から下に下ろす「ポリシー」と違って、「手続き」というのは現場で作るものである。仕事を担当している人はそのやり方(自分が使っている方法)をdocumentation(記録化)すれば役に立つ。また、そういった記録があると、新任の上司はその人がやっていることをすぐ理解できる。

こういった制度があるからこそ、アメリカ人は他人にすぐ仕事を任せられる。ただし、130ページのグラフのように時間が経っても相手への「信頼」はそれほど高くならない。**日本の場合は一度信頼すれば丸ごと任せるが、米国の場合には、どこかできちんと手綱を握っているわけだ。**任せる範囲が大きければ、1995年に発覚した大和銀行(当時)のような問題(同行のNY支店のトレーダーが米国債の不正売買で11億ドルの損失を発生させ、銀行本部とNY支店が隠ぺい工作を図った)につながってしま

う。在米日系企業と駐在員は、米国式信頼を使った方がよいと思われる。

★組織記憶を増やす

今回のケースのような問題を、institutional memory（組織記憶）の不足と呼ぶ。**組織記憶というのは、ある個人の滞在・在社期間を越えて組織が保持する知識のことだ。したがって、駐在員が入れ代わるたびに、ある従業員の情報がなくなるのは、組織記憶が足りない状態である。**この組織記憶を増やすためには、以下の方法が挙げられる。

・引き継ぎ
異動時は多忙で、引き継ぎを十分行うのが難しいかもしれないが、これは不可欠である。特に、新しく赴任する駐在員には、部下になるアメリカ人の資質やバックグラウンド、今までの実績と貢献度、ウィークポイントや秀でた点などを徹底的に伝えるべきだ。

・親会社における現地従業員の知名度アップ
現地の従業員は日本の親会社と直接連絡をとったり、出張訪問したり、逆出向で6カ月～2年間親会社に勤務することによって、親会社で名前を売ることができる。アメリカ人従業員が日本企業で成功するためには、こうした社内的なコネクションと評判を構築することが重要なのだ。駐在員はそれをサポートしていくべきだろう。

第 6 話

実現できない目標を立てたがる日本人

目標到達の「過程」を見る日本人と「結果」を見るアメリカ人

Q 次年度の目標設定を行う時、日本人とアメリカ人マネージャーの間にいつも摩擦が生じる。日本人は高い目標を掲げたがるが、アメリカ人はそれに抵抗し、「そんな目標は明らかに達成不可能なので、意味がない」などと文句を言う。しかし日本人は、目標を高く設定しなければ、従業員が最大限の努力をしないのではないかと懸念する。両サイドが納得できる目標をどうやって決めればよいのだろうか。

★なぜアメリカ人は、高い目標設定をいやがるのか？

この問題の背景には、日本人とアメリカ人の査定の考え方の違いがある。日本の場合、部下に刺激を与えて努力してもらうため、とても難しい目標を作る。かなり達成しにくく、不可能に近いものかもしれないが、査定の際には目標を達成したかどうかでなく、目標に対しどんな態度ややり方で努力したかを評価する。したがって、目標を達成しなくても高く評価されることは可能である。

しかし米国では、目標を達成したかどうかで部下を評価する。態度ややり方を大切にする日本の process-oriented（過程重視）ではなく、results-oriented（結果重視）なのだ。**目標を達成しなかったら、自分の評価が下がると思っているので、アメリカ**

人は高すぎる目標を避けたがる。不可能に近いと思われるような目標は、明らかに自分にとって不利だと感じるのだ。

　また、最近米国では、performance-based compensation（実績を反映した報酬）というものがトレンドだ。これは実績（査定表に書いてある評価）を直接、報酬（昇給率やボーナス額）に反映させる方法。当然、実績を正確に、客観的に計る必要があり、結果として多くの企業が個人の objectives（目標）の設立を、以前より重要視するようになった（例えば、査定表に目標を明記する、あるいは配点を大きくするなど）。この performance-based compensation は、個人の動機と会社の利益・目標をうまくalign（一致）させるボーナス支給方法で、日本国内やヨーロッパの企業もどんどん取り入れているようだ。また、中間管理職以上の層では、報酬のかなりの部分が目標達成度と連動して決まる場合が多い。したがって、設定する目標が本当に達成可能かどうかについて関心を持っていないアメリカ人マネージャーはいないだろう。自分の財布に直接響いてくるからだ。

　などと言うと、アメリカ人は会社の利益ではなく、自分のお金のことばかりを考えているように思われるだろう。もちろんそればかりではないのだが、このような報酬制度があるため、アメリカ人が日本人より自分の取り分への影響を強く意識することは確かだ。とは言っても、アメリカ人も簡単に達成できてしまう、無意味な目標は作りたくない。アメリカ人が求めているのは realistic（現実的）な目標だ。realistic な目標なら、努力は必要だが、達成することが十分可能である。査定の対象にな

る目標を設定する際には、こういった realistic なものを選ぶようお薦めしたい。

★「筋肉を伸ばす」目標とは？

しかし、現実的な目標だけでは、日本人の方の気がすまないだろう。「アメリカ人はこの realistic な目標を達成すれば、それ以上努力しないのではないか」というような疑問がわいて来る。この対策として、私は以下をお薦めしたい：

1. まずは realistic な目標を設定し、それを査定制度に利用する。要するにこれが、制度上 official（正式）な目標になる。
2. 次に、チャレンジングで非常に難しい目標を作る。これは日本人が好むタイプのものだ。この目標を設定することによって、能力を最大限に発揮し、高い所を目指してほしいことをアメリカ人従業員に伝える。

米国では、2.のような目標は stretch goals と呼ばれている──「筋肉を stretch（伸ばす）」する必要があるからだ。この stretch goals は査定制度には使わず、会社の希望を示すものとして提示すればよいだろう（しかし、もっと米国的にやりたければ、realistic な目標を超えて stretch goals も達成すれば、追加ボーナスを支給するという方法も考えられる。こうした制度は、stretch goals を設けるための具体的な動機になる。馬の目の前に人参をぶらさげるのと同じだ。米国では、従業員の努力を引き出したかったら、どんな reward［報酬・褒美］が手に入るのかを具体的に示すことが効果的なのだ）。

★制度はよくても、施行する人が悪いと……

　最近、私の会社の顧客である在米日系企業の多くは、米国のトレンドに従って performance management（実績主義による管理）制度を取り入れている。しかし、このような制度を導入しても、それを使う日本人マネージャーが米国における目標設定や評価、査定面接の仕方などをよく知らないと、効果を実現できない。また日本人マネージャーとアメリカ人部下の、制度の施行に関する理解が異なっている場合にも、誤解や衝突が起こりやすい。performance management 制度を企業に導入する際には、日本人マネージャーに制度の施行法についてトレーニングを行うことが不可欠だろう。

第7話
ミステリアスな日本人
大切なのはお互いの歩み寄り

Q 顧客に対して異文化セミナーを行う際、私はよく、冒頭で、「アメリカ人の間では、日本人は"ミステリアス"だと思われている」という話をする。そうすると、アメリカ人の聴衆からは「私もそう思う」という無言の賛同を感じる。一方、日本人の聴衆の中には、驚いた顔をする人がかなりおり、苦笑する人もいる。自分たちがミステリアスだと思われているなどとは聞きたくないようだ。

★「話さなくても通じる」ことに安住していませんか？

　実際、ビジネスで日本人とつきあう機会の多いアメリカ人から、日本人はわかりにくいという声を頻繁に聞く。「何を考えているのかさっぱりわからない」「何を期待しているのか明快ではない」「もっと説明してほしい」など。そればかりか、日本人についてclosed（心を開かない）、manipulative（ごまかしをする）、not openly sharing information（情報を分かちあおうとしない）、It seems like they are hiding something.（何かを隠そうとしているよう）とまで言う人もいる。なぜこのような偏見が生じるのだろうか。これは、簡単に言えば、アメリカ人同士でビジネスをする場合に察知し合える「信号」が、日本人からは発信されないからである。アメリカ人にとって日本人の"行間"は読みにくく（解読しにくく）、この「あいまいさ」が不安やス

トレスにつながるのである。

　日本人とアメリカ人の間で、なぜ信号が伝わりにくいのか。言語の違い以上に大きな原因となるのは、コミュニケーション方法の違いである。これを説明する際に、異文化論の学者は「コンテクスト」という言葉を使う。コンテクストとは、伝えるべき事柄の背景知識のことで、コミュニケーションをしている相互間に共通する背景と情報である。コンテクストが多ければ、非常に効率的にコミュニケーションができる。ちょっとした一言で意味が通じるからだ。「一を言えば十わかる」という表現があるが、コンテクストはこの九の部分に当たると考えるとよい。**日本ではコンテクストは言葉でなく、非言語的な方法で伝わる（＝以心伝心）。それとは対照的に、英語ではコンテクストを明確に、言葉で伝える必要がある。コミュニケーションを達成するためには、よりたくさんの言葉を使い、より細かい説明が必要となる。**

　この違いが日米コミュニケーション問題の核である。では、なぜ日本はコンテクストを言葉で伝えなくてもいい社会なのだろうか。それには複数の理由がある。

・同質性の高い社会
日本の歴史と社会の構造には、かなりの同質性がある。移民が少ないため、日本人の大部分が似通った歴史を背景に持ち、日本政府の中央集権化の結果として、社会の枠組みが全国統一されている。地方の自主性が低く、地域の独自性が少ない。例えば、教育カリキュラムを考えた場合、北海道の小学一年生と沖縄の小学一年生はほとんど同じことを学校で学ぶ。一方、米国は移民で構成

された国であり、各人がある程度異なった伝統や習慣を持っている。政治の面では、州によって法律が違い、州ごとにさまざまな地方文化が形成されている。教育の面でも、統一された教材などはなく、地域によって、そして各教師の創造性や学長の教育哲学によって、教えることはかなり異なる。

　こうした結果、同質性の高い日本人同士が話す場合には、共通のコンテクストを多く持つので、言葉で言い表さない部分が増えることになる。一方、米国の場合、さまざまなサブカルチャー（異なる文化的特徴を持つグループ）が存在するので、共通のコンテクストは比較的少なく、したがって、アメリカ人同士で話をする時はより明確な説明が重要となる。

・関係が長期にわたること
終身雇用制度をはじめ、日本企業では雇用主と従業員、サプライヤーと客、従業員同士などの人間関係が比較的長く続く（最近はリストラなどでどんどん担当者が変わる会社もあるが、それでも米国に比べれば、比較的関係は長く続いている方だ）。長くつき合えばお互いの理解は深まり、共通の歴史に基づく知識（＝彼らの間のコンテクスト）が生じるので、コミュニケーションが省略されても十分意味が通じるようになる。

　例えば、長い間一緒に働いた人同士なら、ちょっとした声のトーンの違いだけで相手のムードを読み取ることができる。お互いに共通のコンテクストを持つ者同士のコミュニケーションにおいては、言葉は少なくてよい。企業レベルでは、皆が同じ会社で長く働くため、社外の人が理解できない社内用語（省略

された部の呼び方、商品に関する専門用語など）が生まれる。

これに対して、米国社会には流動性がある。統計結果を見ても、アメリカ人は職業のみならず、住居の移転も頻繁だ。そのためアメリカ人は、なじみのない関係の中で明確な意思表示をし、連携的に仕事を進める必要にしばしば迫られる。

★自分の物差しで相手の文化を測るなかれ

前述のように、日本は高度な共通コンテクスト社会だが、日常コミュニケーションの中で、それはどのような形で現れるのだろう。

まず第一に、日本人はアメリカ人に比べ、言葉以外のコミュニケーションを頻繁に用いる。つまり、先ほども触れたように日本人同士で話をする場合には、動作や声のトーン、顔の表情などが重要な情報伝達方法となる。相手に常識があれば、こうした非言語的な信号が十分に意志を伝えるだろうと期待する。そして、そうできない人は「察しが悪い」と思われてしまう。しかし、アメリカ人はそれほど非言語的コミュニケーションを用いず、仮に用いる場合でも、日本人とは違った動作や顔の表情を使うため、これが誤解の種となる。

私が気づいた例は、日本人は好ましくないことを言われたとき、息を吸い込んでシューという音をたてることが多い。同時に手のひらで顔や首の後ろを触ることもある。日本人（あるいは日本人の行動様式を知っている外国人）であれば、それを見て、「あの提案はまずかった」、もしくは「不用意なことを言っ

てしまった」ということがわかるが、アメリカ人にはそんな音をたてる習慣はないので、日本人のこうした行動を奇妙に感じ、理解できない場合が多い。そして前述のように、アメリカ人は、日本人を率直ではない、ミステリアスだと思い、日本人は、アメリカ人を鈍感だ、考えが浅いと誤解し、お互いにフラストレーションを感じるのである。

　しかし、**問題は自国の文化の尺度で相手を測ってしまうというところにある**。望ましいのは、お互いに違いを認め、ギャップを埋めるための対策を立てることである。では、このコンテクストに対してはどんな対策があるのだろうか。まずは**日本人とビジネスをしているアメリカ人が、日本人の行動様式や日本のビジネス習慣をもっと理解することである**。そうすれば日本人をもっと上手に「読める」ようになる。例えば日系企業がアメリカ人従業員のために異文化トレーニング・セミナーを提供したりすれば、社内でのコミュニケーションはより円滑になるだろう。

　一方、**日本人は、自分が考えていることを言葉で伝えられるように努力することが大切である**。常にアメリカ人従業員に対して十分な説明（日本で必要とされているレベル以上の）を提供する習慣を身につける。会社の構造や方針に関して、できるだけ豊富な情報をアメリカ人従業員に教えることも望ましい。要するに、アメリカ人に対して「一を言えば十わかる」を期待するのではなく、九の部分をできるだけ詳しく、言葉で伝達することが重要なのだ。こうした努力が、あなた自身を「ミステリアスな日本人」にする危機から解放するのである。

職場でもっと世間話をしよう！

在米日系企業のある従業員に、一緒に働いている日本人をどう思っているか聞いたことがある。「彼らの人間性や感情を知る方法はありません。生真面目で、仕事のことばかり考えているみたい。私生活があるとも思えない。職場にも温かい雰囲気がまったくないし……」とのこと。実のところ、日系企業で働くアメリカ人からこのようなコメントを耳にするのはまれなことではない。それは多くの場合、日本人とアメリカ人の交わす会話が仕事についてだけで、職場の雰囲気をなごませる世間話をめったにしないからだ。

◆日本人はなぜ世間話をしないか

こういった状況が生まれる背景には複数の原因がある。日本人の方は言葉の壁があるから、おしゃべりをしたり冗談を聞いたりするのは困難である。英語力に自信がないので、職場での会話を必要最低限にとどめてしまうのだ。また、共通の話題がないことも問題だ。アメリカ人の同僚が普通話しているような、スポーツ、政治、ポップカルチャー、社会問題などのトピックについてはあまり知らない場合が多い。そういう分野の会話になると、無知をさらしたりエチケット違反になるようなことを言いたくないので、発言を控える。また、駐在員にとって最も身近な関心事である、米国での生活における日常的な問題や家族のことを、職場の人——特にアメリカ人部下——と話すのはやはり抵抗がある。

アメリカ人の多くは、日本人の羞恥心と遠慮を見て、打ち解けない、あるいは冷たい人、と誤解してしまう。この問題を解決するためには、もっと自信を持ってアメリカ人と会話をしたり、日本人グループの昼食にアメリカ人を招待したりすればとても効果的である。相手に関心を示し、会話をするために時間を取ること

COLUMN

は、人間関係をなごませ、温かいものにする効果がある。

◆ 会社がコミュニケーション作りのためにできること

　会社の方で、そういった雰囲気を作り出すことも可能である。重要なのは日本人のトップマネージャー（社長、支店長、部長など）の態度。日常的にアメリカ人従業員との会話を積極的に行って、すべての駐在員がフレンドリーな人間関係を築くために努力すべきだということを身を持って示さなくてはならない。また、会社側が夕食会、スポーツ大会、ゴルフ、チャリティー活動への参加など、定期的に社交的活動の機会を設けて、資金を補助すれば、日本人とアメリカ人の間のコミュニケーションを奨励できる。

　なお、こういった活動に多大な手間やお金をかける必要はない。例えば、ある日系企業では、駐在員を教壇に立たせて、昼休みや就業時間後に日本語のレッスンを行っており、アメリカ人従業員にとても好評である。また別の会社では、昼食時に日米の従業員を集めて日本文化に関するビデオを見たり、双方の文化を理解するために役立つ本を紹介したりしている。日系企業では、このような言語と文化の交流は、コミュニケーションを促進するためにとても重要である。エネルギーとやる気次第で、日本人とアメリカ人の対話をスタートさせることができるのだ。

第2章　こんな日本人と日本企業もコマリマス……

第8話
早く決められない日本人
アメリカ人がバグだらけのソフトを売る理由がわかった！

Q　「この会社では、意思決定になぜこんなに時間がかかるのだろうか。われわれが話している間にも、競争相手はどんどん先に進んでいる。なぜもっと早く行動できないのか？」。日系企業で働くアメリカ人従業員のこういった発言を頻繁に耳にする。日本的な意思決定プロセスに参加する時、アメリカ人はよくこのようないらだちを感じるようだ。一方でアメリカ人と一緒に働く日本人も、相手の意思決定方法に対して不満を持っている。「彼らは企画段階を飛ばしてすぐ実施したいようだ。もっと念入りに企画を立てれば、間違いも避けられて、最終的にはよりよいものになるのに」と。

★ソフト開発に見られる、アメリカ人の意思決定方法

　この対立構造は、アメリカ人と日本人の意思決定に関する時間感覚の違いを表している。アメリカ人は早い行動を好む。リスクを恐れないので、情報が不十分でも決断できる（これは、よい時には変化する状況に早急に対応する能力につながるが、悪い時には、準備不足ということになる）。意思決定して、個人あるいは組織が動き出してから、決定事項の微調整とブラッシュアップを行う。もしこの段階で間違いがあったとしても、それは「いい勉強」になったと考えればよいし、決定事項が絶対というわけではないので、動き出した後でも調整可能である。

ただし、こういった実践重視のやり方は、望む結果が出るまでにかなり時間がかかるかもしれない。

アメリカ人の創造性の産物であるソフトウエア産業界は、このアメリカ的な意思決定のプロセスを十二分に反映している。欠点（bug）だらけの新しいソフトウエアをどんどん発売して、後になってからそのソフトの問題点を取り除くというやり方だ。一方、アメリカ人と比べて日本人は、決断をする前にもっと時間と情報を必要とする。日本人はアメリカ人に比べてリスクを嫌い、間違いをより深刻に受けとめる。最初のトライで成功する可能性を高くするため、時間をかけて情報を収集する。

日本人の意思決定に時間がかかるもう一つの理由として、根回し（consensus-building）が必要だということが挙げられる。根回しを行うことで、その決定事項の影響を受ける人が皆、決断のプロセスに参加できるようにし、同時に、決断の前に関係情報が表面化する。この段階では時間がかかるが、最終的には、決定事項を早く実施できることになる。根回しをすることで、課題がすべて事前に解決されるからだ。

★結局はどちらもかかる時間は同じ？

最終的には、アメリカ人と日本人の決断方法はだいたい同じくらいの時間がかかると言えよう。アメリカ人は実施・調整に時間をかけ、日本人は情報収集・根回しに時間を費やす。しかし、日本人とアメリカ人が一緒に仕事をする際、この違いが摩擦の原因になる。日本人が情報収集とディスカッションに時間をかけるとアメリカ人はいらいらするし、逆にアメリカ人が「とりあえ

ずやってみよう」とすると、日本人は納得できない。また、両方のやり方が合わないため、純粋な、日本的やり方あるいはアメリカ的やり方より、時間と手間がずっとかかってしまうようなこともよくある。

　日本人とアメリカ人が効果的に一緒に仕事をするには、お互いに自分の決断方法が相手にどう見られているのかを意識する必要があるだろう。アメリカ的に意思決断のプロセスをスピードアップしたいのなら、アメリカ人は日本人にもっと詳細な情報を提供し、もっと早い段階で根回しをして、考えられる質問への答えを用意しておくべきだ。日本人は、意思決定に必要な情報を明確に定義し、試験的導入をした方が適切な場合も多いことを頭に入れておくべきだろう。

第9話
何でも「至急」扱いにしたがる日本人

仕事に優先順位をつけることの重要性

Q 米国駐在中のある日本人マネージャーによれば、アメリカ人従業員は急ぎの仕事を頼んでも、あまり危機感を持って対応してくれないとのこと。例えば、次の日までにぜひやってほしいと言っても、夜はすでに予定があるということで5時に帰ってしまう。あるいは、急いでほしいと伝えても、急ごうとしない。なぜ"至急"の案件にアメリカ人は対応しないのだろうか。

上記のケースは極端かもしれないが、アメリカ人と一緒に働く日本人駐在員の多くは似たような印象を持っているようだ。もちろん、そんな従業員はあまり優秀ではないのだ、ということも十分考えられる。しかし、日本人側にも責任がないとは言えないのではないだろうか。仕事をしないアメリカ人のために言い訳をするつもりはないが、「至急」と言われてもあまり動こうとしない従業員がどんな感情を抱いているか知るのは参考になると思う。

★「正当な依頼」でなければ従いません！

ところで、駐在員はよく、日本人は計画的だが、アメリカ人には計画性がない、ということも口にする。しかし、あるアメリカ人によれば、日本人こそ計画性が足りないのだと言う。私が最近行っ

たセミナーで、あるアメリカ人社員がこのように語った。「この会社で働いているわれわれアメリカ人は皆プロフェッショナルで、本当に至急の仕事であれば残業も厭いません。しかし、非常に気になるのは、金曜日締め切りの仕事が月曜日に部に通達されたのに、それをいつまでも言わず、木曜日にアメリカ人に依頼する、といったケースです。これは、思いやりの欠如であり、腹立たしいことです」。この発言に対しては、その場に居合わせた他のアメリカ人参加者からも、同意の声が上がった。

ではなぜ、こういったことが起こるのだろうか？　理由の一つとして、駐在員が一緒に働いているアメリカ人と十分コミュニケーションをとっていないということが考えられる。もしくは駐在員がとても忙しくて、アメリカ人に依頼するのを忘れてしまったのかもしれない。さらに、実は駐在員がその締め切りについて事前に知らなかった場合もあるだろう。しかし、原因は何であろうとも、アメリカ人従業員に十分な猶予をもって仕事を依頼していないとすれば、彼らには責められる理由がある。

上記のアメリカ人は次のように話を締めくくった：Lack of planning on your part does not constitute an emergency on my part.（あなたの側の準備不足は、私の側の緊急状態を作るわけではない）。要するに、あなたの方で余裕をもって準備せず、最後の瞬間までに私への依頼を引き延ばしにしていたのだったら、私はその件を「至急扱い」にする必要はない、ということだ。これは、決まり文句として一般的に使われるフレーズである（コーヒーマグやTシャツにこの成句が印刷されていてびっくりしたこともある）。こういう決まり文句があるという

ことは、多くのアメリカ人がこのように感じる場面があるという証拠だろう。相手の準備不足から生じたきつい締め切りを伴う依頼は、「正当な依頼」とは見なされず、従わなくて当然、となるわけだ。

★ 『狼と少年』の少年にならないように

　日本の企業で働いているアメリカ人に頻繁に見られるのが、私が「urgency fatigue」("至急疲れ"：「至急！」と何度も言われるので、それを聞くのにうんざりすること）と呼んでいる現象である。**一緒に働いている日本人が何でもかんでも「至急」と言うので、その言葉自体、無意味になってしまうのだ。**そうなると、本当に至急な案件と、そうでないものとの区別がつけられなくなる。

　これは、イソップ物語の『狼と少年（The Boy Who Cried Wolf）』と似ている。羊飼いの少年は、「オオカミが来た！」と叫べば、村の皆は大騒ぎするということを知り、オオカミがいなくても繰り返しそう叫んでいた。そのうち村の人は慣れてしまって、彼の警告を無視するようになった。しかしある日、オオカミが本当に来てしまう。少年は「オオカミが来た！」と本気で叫んだが、村人たちはいつもの冗談だろうと思って外に出ず、オオカミは羊を全部食べてしまった。そういった"少年"にならないように、日本人は「urgent」という言葉を使いすぎないように気をつける必要がある。

　私が知っているある在米日系企業では、アメリカ人従業員と東京本社の日本人が直接、連絡を取り合っていた。その際、日

本人は頻繁に e メールやファクスに「urgent」と書いていたという。アメリカ人側はこれを、アメリカ人のことだからどうせ設定日時どおりには返答しないだろうと思って、すべてに urgent と記している、というふうに受け取っていた。しかし、東京本社のセミナーでその話を伝えたら、日本人側には全然そのつもりがなく、単にその件の大切さを示そうとしたのだと言う。これは、アメリカ人と日本人の間で「urgent」という言葉のニュアンスの解釈が違っているということだろう。**アメリカ人の目から見れば、本当に「urgent」な案件はそんなに頻繁にあるはずはないので、この単語を乱発するのはおかしいと感じるのである。**

★家族構造の違いから来る柔軟性の欠如

また、米国と日本では、家庭の構造と家族からの期待度がかなり異なっているので、日本人はそれを理解する必要がある。日本でも共働きは増えているようだが、米国では特に、共働きや single parent（一人で子育てをしている独身者）の家庭が、働く夫＋専業主婦の夫婦の家庭の数を上回っている。そのため、ほとんどの働いているアメリカ人が、家庭に対して何らかの責任を負っており、自分の時間を丸々仕事に費やすことはできない（詳しくは第 1 章第13話を参照）。

したがって、何でもかんでもが「至急」だと言われる環境にいると、アメリカ人は自分の私生活を守り、家庭における責任を果たすため、どこかで線引きをして、「絶対必要」と思われない至急な依頼は引き受けないようにするといった行動に出る。

★本当に「至急」な場合の依頼の仕方

　もし自分の依頼が本当に至急であって、アメリカ人従業員にどうしてもすぐやってほしいのであれば、**なぜ至急なのかを具体的に説明することだ。日本人は、依頼をする時に、往々にしてこの説明が足りない。**アメリカ人は優先順位を自分で判断したいので、理由の説明が不可欠なのである。その際、本当に相手を説得できるだけの、妥当な理由が必要なのは言うまでもない（もし説得力のある説明を考えつかないのであれば、自分の依頼が本当に「至急」なのかどうかを再考してみるとよいだろう）。

　もう一つ大事なのは、アメリカ人従業員が至急の案件にきちんと対応してくれたら、必ず感謝すること。これをしないと、あなたは ungrateful な（感謝していない）人のように見える。次回、至急の依頼をする際に、相手は答えてくれないかもしれないので気をつけよう。

第10話
日本語を教えたがらない日本人

日本語をアメリカ人に教えれば日本人の得にもなる！

Q アメリカ人従業員から、「日本語を勉強したい」という希望が出てきた。しかし片手間に日本語を勉強してもどうせ身につくわけはない。それに、会社の経費で日本語の授業を提供することにも抵抗がある。果たして、日本語を勉強したいという従業員の希望に、会社は応えるべきなのだろうか。

★決して流暢になりたいわけではない

　私は日本企業で働くアメリカ人を対象に、日本の文化とビジネス慣行に関するセミナーをよく主催している。その時、参加者から「日本語を勉強したいのですが、何かお薦めのクラスや勉強法がありますか」という質問が頻繁に出る。日本企業で働いているアメリカ人の間では、日本語熱は非常に高いようだ。

　しかし、日本語を身につけることは簡単ではない。特に、多忙な社会人の場合、余暇に勉強するだけでは、流暢になれるはずがない。**日系企業のアメリカ人従業員が「日本語を勉強したい」と言う場合、「流暢になりたい」と思っているわけではないのだ。**例えば、職場の雰囲気をなごませるために、一緒に働いている日本人に声をかけられる程度の日本語の表現や、日本への出張の際に使えるあいさつや日常会話などを知りたいのだ。

また、たとえ流暢にならなくても、彼らに日本語教育を提供することで会社にとっての見返りはたくさんある。以下に例を挙げよう。

・「語学の壁」の実体を肌で感じさせる
日本語を勉強することによって、日本語と英語がどんなに違うのかを意識し、日本人社員の英語を使う努力を一層評価するようになる。

・日本人の話し方に対する理解を高めてもらう
日本語の文法と思考パターンを知り、日本人の考え方や発言の仕方をよりよく理解できるようになる。

・人間関係作りを奨励する
日本語を少しでも話せるようになると、一緒に働いている日本人との人間関係作りに役立つ。例えば、あるアメリカ人従業員は、「僕は片言の日本語しか覚えられなかったが、とても役に立っている。例えば、『どうぞ』や『どうも』を職場で口にすると、一緒に働く日本人はいつも微笑んでくれる。雰囲気を和らげる効果があるし、私が彼らに敬意を持って接していることもわかってもらえているのだと思います」と語った。

・一緒に働く日本人との共通の話題が持てる
日本語について話すことは休憩時間や食事の時のよいトピックになる。

・日本への出張の際、役立つ

日本に出張したら、簡単な日本語でも役に立つし、本社の人も喜ぶだろう。ほとんどのアメリカ人にとって日本は未知なる国だから、初めての日本出張はとても緊張するはず。少しでも日本語ができれば訪日に対して随分自信が持てるはずだ。

・秘密的な雰囲気を少なくする
アメリカ人従業員は日本語が理解できないため、自分が仕事から疎外されている、あるいは何か自分にとってよくないことが秘密裡に行われている、という被害妄想を持つケースが多い。日本語の教育を提供することで、会社は日本語を「秘密の言語」として使っているわけではないと示せる。

・「外資系企業」のメリットを強調する
アメリカ人従業員に日本語教育を提供したがらない理由として、日系企業であることをあまり強調したくない、という思想も挙げられよう。しかし、それを隠そうとするより、「この会社で働けば、日本語を覚えることもできる」と、利点としてアピールする方が得策だろう（米国に進出している欧州の会社では、フランス語やドイツ語など、本社の国の言語のレッスンが提供されているという話をよく耳にする）。

★日本語を学びたい大学生と会社員の違い

　日系企業で働く人は、日本語を学ぶアメリカ人大学生と同じ動機を持っているわけではない。したがって、大学生とは違う教材で教えなければならない。私が知っている複数の在米日系企業は、アメリカ人従業員に日本語教育を提供しようとして失敗している。それらの会社は、大学で教えた経験を持つ人を先

生として呼び、社内でアフターファイブのクラスを開いたが、数カ月たつと誰も来なくなったのだそうだ。

　原因は、授業の進め方が従業員のニーズに合わなかったということだろう。一日の仕事が終わった後に、誰も文法のような、理論的かつ複雑なものを勉強したくはない。楽しくて、明日からすぐ使え、役立つようなものを学びたいと思うはずだ。さらに、出張や仕事の納期などの都合で、クラスに定期的に来られない人も多いので、個別に参加できるテーマ別のアラカルト方式が望ましい。このようなニーズに答えるため、創造的な語学教育方法が必要になる。「時間があったときだけ参加でき、不定期でもいい」というクラスが望ましいだろう。

　クラスを設けること以外にも方法はある。最も経済的なのは、日本語の教科書やテープ、マルチメディア語学ソフト（CDやCD-ROM付き教材）を複数購入し、貸し出すことだ。特に通勤中に聞けるテープやCD教材はとても便利だろう。米国の日系書店にもたくさんそろっている。従業員は自分のお金で高い教科書を買うことには抵抗があるが、会社が買ってくれれば喜んで利用するだろう。複数冊購入したとしても、会社の負担は数百ドルといったところだし、従業員の要望にきちんと応えているという大きなPRにもなる。

　もし、こうした方法では飽き足りず、日本語を本当に真面目に勉強したいという従業員がいれば、職場の近くの大学やコミュニティー・カレッジのコースへの参加をサポートするという選択もある。

★で、誰がお金を払うべきなのか？

　会社が払うべきか、個人が払うべきかを決める際、米国の企業は次のような基準を使う：もしそれが会社のためになる、その会社だけで使える特殊な知識やスキルで、勉強することを会社が要求したり、昇進するための条件にしているのであれば、会社が払うべきだ。従業員個人の関心事で、今の仕事と直接関係のない、純粋に自己啓発的なもの、あるいは将来の転職に必要なスキルであれば、従業員が自分で払うべきだ。その間のグレーゾーンにあるものは、会社が部分的に補助することもある。

　日本では、英語を勉強しておけば、ほとんどどこの会社でも役に立つ。しかし、**米国では、日本語を勉強すること自体かなり風変わりなので、今働いている日系企業以外では、役に立つはずがないと思われている。したがって、日本語の勉強はアメリカ人にとって「会社のため」であり、会社がその費用を払うべき、あるいは少なくとも補助すべきだと思われるケースが多い。**

第11話

板挟みになっている日本人

アメリカ人部下を味方につけよう！

Q ある日本人駐在員によると、彼のストレスは、アメリカ人従業員と一緒に働くことではなく、本社とのやりとりから生じるという。本社の社員はこちらの事情をまったく理解していないし、理解しようともしてくれない。結果的に「僕ら駐在員はアメリカ人従業員と本社の間で板挟みになって、苦悩するのです」、とのこと。何か対策があるだろうか。

日本の本社が、米国事業の抱える問題と米国の仕事のやり方を十分理解していない、というのは、在米日本人駐在員の共通の悩みである。もちろん、すべての多国籍企業における問題でもあるが、特に日本企業の本社はグローバル化が非常に遅れており、権限が中央集中化しているので深刻だ。

これはなかなか解決しにくい問題なので、決定的な silver bullet（すべての問題を一挙に解決できる対策）は残念ながら提供できないが、下記の対策を導入すれば、ある程度緩和できるのではないかと思われる。

★「ミッション：本社の人間を教育せよ！」

まず重要なのは、本社の人に米国の文化とビジネス習慣、市場の状況と顧客ニーズ、そして米国拠点の内部の事情をわかっ

てもらう方法を見つけることだ。

　一般的な米国の文化とビジネス習慣については、まずは本を読んでもらうことを薦めたい。この手の本はたくさんあるので、その中で最も役立つ内容のものを選ぶとよいだろう（しかし、米国に関する本なら何でもいいというわけではないので、選ぶ際にはご注意のほどを。長年日米ビジネスの異文化コンサルティングに携わっているアメリカ人の立場から見ると、誤った情報を載せていたり偏見に満ちた本もかなり見受けられる）。異文化セミナーもよい方法である。米国の文化を理解しているコンサルタントに本社の人のトレーニング・セミナーを依頼すれば、よい教育になるだろう。

　米国の業界基準と市場の特徴に関してもっと知ってもらいたかったら、米国の新聞や業界誌からの切り抜きがとても便利である。まとめて一つのレポートとして送っても、あるいは定期的に（毎週か毎月）送ってもいいが、大切なのは情報をたくさん提供することだ。これらの情報を集める際には、アメリカ人従業員に手伝いを頼むといいだろう（効率よく英語の出版物をスキャンして適切な記事を選べるので）。そういった「教材」を日本にいる社員に提供することは情報ギャップを埋めるのに有効だろう。

　さらに、自社に関する資料も、アメリカ人従業員の手助けを得て作成した方が効果的だ。その依頼の際には、このような表現が使える：**I'd like your help in** assembling some materials about X that I can send to people at the head office. The purpose is to help them better understand what is happening here.（こちらで起こっていることをよりよく理解してもらうための資料を本社に送りたいので、Xに関する材料集めを手伝ってほしい）

★アメリカ人従業員にも親会社と連絡をとらせよう

日本人駐在員はしばしば、アメリカ人従業員と本社の人間の間に立って、太平洋をまたぐ、すべてのコミュニケーションのパイプ役を果たす。これは駐在員の負担を大きくするだけでなく、アメリカ人従業員と本社の人間がお互いを理解する機会をも減らし、さまざまな誤解と理解の欠如の原因ともなる。

まず、日常的なコミュニケーションは、アメリカ人と本社の人に直接してもらおう。もし本社の人の英語力がそのレベルに到達していなければ、アメリカ支社の方に、日本からの連絡を英訳したり、日本への連絡を英語から日本語に直したりできる、「バイリンガル秘書」のようなスタッフをつけるとよい。

さらに、アメリカ人従業員を本社へ出張させるのもよい。そうすると、米国の市場の状況や事業の現状などについて直に話せるので、本社の人に与えるインパクトは強くなる。また、日本を訪問することによって、アメリカ人従業員も本社の考え方をよりよく理解できるようになり、知り合いも増える。そうすれば、米国に帰った後も本社とのやりとりに役立つに違いない。

なお、本社社員の米国出張も生かすべき機会だろう。残念ながら、日本人駐在員とだけ接触して、アメリカ人従業員とはあ

まり話さないといった状況がよく見受けられるが、そうならないように、計画的に本社からの訪問者とアメリカ人従業員が交流できる場を作ることは重要である。

★板挟みの状況をアメリカ人に伝える

私が見た限りでは、ほとんどの駐在員は、本社とのやりとりの苦労をアメリカ人従業員に話さず、一人で悩んで (suffer in silence) しまう。しかし、それではアメリカ人従業員にはあなたの立場がわからず、あなたの言動は奇異にさえ映るかもしれない。本社を悪く言いたくない、というのも人情なので、下記のような表現を使って自分の立場を伝え、アメリカ人の理解と協力を得よう。

・I realize that the reason for this request from the parent company is not completely clear. **To be honest**, I too have some trouble understanding why they want to do it this way. However, since they are the parent company, **we have to do as they ask**.（親会社から来たこの依頼の理由が、完全に明確でないのはわかっています。正直に言えば、私も、なぜ彼らがこのようにしたいのか理解しがたいのです。しかし、彼らは親会社ですから、依頼に従うべきです）

・Please realize that we Japanese are **in a difficult position**. Often, we **are caught in the middle between** the people from the head office and our American colleagues. We want to be responsive to the situation here, but we can't afford to alienate the people in Japan.（われわれ日本人は難しい立場にいるということを理解していただきたい。われわ

れはしばしば、本社にいる人とアメリカ人従業員の間で板挟みになるのです。こちらの状況に敏速に対応したいのですが、日本にいる人々との関係を悪化させるのはまずいのです）

・In any multinational company, there is always some **difficulty in achieving a balance** between meeting local needs and ensuring global consistency. Some of the positions taken by the parent company **may be difficult to understand** from our point of view here at the U.S. operation, but I'm sure that **there must be a good reason** based on the company's overall global strategy.（どんな多国籍企業でも、現地のニーズに応えることと世界基準の一貫性を保つことのバランスをとるのは常に難しいのです。こちらの米国事業の立場から見れば、親会社がとっている姿勢の中には理解しがたいものがあるかもしれませんが、会社のグローバル戦略全体に基づいた納得のいく理由はあるはずだと信じています）

・I hope you'll take my word for it that I'm doing the best I can to inform the people in Japan about our needs and situation. **The reality is that** even though I try very hard, **I cannot always persuade them** completely.（日本側にわれわれのニーズと状況を知らせるべく、ベストを尽くしていることを信じていただきたい。しかし、私がいかに頑張っても、彼らをいつも説得できるわけではないというのが現実です）。

第2章　こんな日本人と日本企業もコマリマス……

第12話
返事をよこさない日本の本社

もっと日本人従業員からのアドバイスを！

Q 駐在員は、現地にある支社と日本の本社との総合窓口という大きな責任を抱えている。今後、本格的に現地化を進めていかなければならないので、現地のアメリカ人社員に直接本社と連絡をとらせてみたのだが、うまくコミュニケーションがとれていないらしい。駐在員を間に立てずに、本社と現地間の情報の流れを円滑にするにはどうすればよいか。

★日本本社はブラックホール！　私のメールはドコ行った？

　在米日系企業で働くアメリカ人の頭痛の種の一つは、日本の本社とのやりとりだ。例えば、依頼への回答が遅れたり、まったく返って来ないといったことが頻繁に起こる。あるアメリカ人従業員は「本社はまるでブラックホールだ。メールを出しても返事が来ない。もううんざりだ」とフラストレーションを抱えていた。こういった本社の対応はアメリカ人従業員のいらだちを招き、現地化を妨げ、駐在員の仕事量を増やすことになる。何が原因なのだろうか。

　言葉の壁があるのは言うまでもないが、本社の社員が英語を理解できても、アメリカ式のメールや手紙は日本人に失礼な印象を与える場合がある。その他にも本社の担当者が明確でないため用件を誰に伝えればよいかわからなかったり、現地の従業

員が本社の社員に認識されておらず、依頼した仕事の優先順位が下がってしまったりすることがある。このような問題を解決するために、**駐在員がアメリカ人社員にアドバイスをする必要があるだろう。**そうすれば本社との関係はスムーズになるし、駐在員と現地採用の社員との関係も親密になる。

★アメリカ人従業員にこんなアドバイスを与えよう

問題解決のためには、次のようなアドバイスが役に立つ。

・理解しやすい英語を使う

本社にはできるだけわかりやすい英語を使った文書を出す。ほとんどのアメリカ人は、英語を母国語にしない人とのコミュニケーションに慣れていないため、こういった事前のアドバイスは有効だ。具体的には以下のとおり。

　◎正しい文法を使用する
　◎文は短く、複雑な文法は避ける
　◎口語、慣用語や流行している新語（buzzwords）を避け、ベーシックな英語を使う
　◎絵と図を利用する
　◎否定疑問文（negative questions。例えば Don't you want to go to the party?［パーティーに行きたくありませんか？］）を用いた文章は混乱を招きやすいので避ける
　◎皮肉（sarcastic）をこめた表現を避ける

・状況を十分に説明する

依頼の背景と理由を細かく説明する。関連している過去の手紙

や資料などもできるだけ添付する。

・依頼の内容を明確にする
手紙の冒頭に Re:(「〜について、〜に関して」の意味)をつけて要約する。そして、最後にもう一度簡単に内容を書いておく。例えば I am awaiting your response concerning the expected date of shipment.(出荷日予定のお返事を待っています)のように記しておくとよい。

・締め切りを明確にする
いつまでに返事が必要なのか、明記する。

・時間を与える
本社の社員はいろいろな仕事を抱えているので、時間的な余裕を持って依頼する。

・日本語独特の言い回しを取り入れる
アメリカ人の手紙はストレートすぎたり、demanding(命令的、注文が多い)だったりするものが多いが、これは本社の社員に失礼ととられる場合がある。ある日系企業で、日本の本社とのやりとりを頻繁に任されていたアメリカ人社員は、元上司のアドバイスを実践しているという。いわく、**日本に手紙を出す時には、英語でも、「お忙しいところすみません」「突然で恐縮ですが」「迷惑をおかけして申し訳ありません」など、少なくとも三回謝る必要があると**。アメリカ人は、特に同じ会社の人間にはこのような文章を書かないし、一般的にこうした謝罪の言葉を使わない。しかし、この書き方を導入してからは、本社からの回答

が早くなり、仕事の能率が随分上がったという。本社とのやりとりをするアメリカ人全員に薦められるやり方だろう。

・確認の連絡をする
本社の社員は確信のある答えが出るまで連絡をしない。しかし、取引先から情報をすぐもらうことに慣れている米国側のクライアントは頭にきて、アメリカ人社員に"Where's my answer?"（返事はどうしたのか）と質問してくる。この場合は、本社に状況の確認（status check）をする必要がある。一刻も早く返事がほしい場合には、以下のように、答えやすいチェックリストを作る。忙しくてもこれなら返事を出しやすい。

Please let me know the status of the shipment.（出荷状況を教えてください）
☐ Delayed（遅れている）
☐ On time（スケジュール通り出荷予定）
☐ Already shipped（出荷済み）

★文書で役立つ表現リスト

次のような表現は、相手に対して非常に丁寧な感じを与えるので、お薦めしたい。

・本社からの協力を求める
I need your assistance, please.（ご協力ください）
・背景や過程を繰り返す
Here is what has happened until now. **What is your advice?**（今までの経過はこのとおりです。アドバイスをお願い

します)

・米国側から他にできることがあるかを尋ねる

Do you **need more information** from us?(追加情報が必要ですか)

Is there **something further we can do**?(他にできることがありますか)

・協調性を求める

We want to make sure that **we are coordinated** with you.(あなたたちと共に仕事をしていることを確認したい)

We want to confirm our understanding.(われわれが正しく理解しているかどうかを確かめたい)

★援助・情報・返事をもらったら感謝する

　返事を受け取ったら礼を述べるよう、アメリカ人従業員に指導しよう。日本人も努力に対してポジティブ・フィードバックを受けるのが好きだ。努力に感謝しないと、次の依頼に対する返事がさらに遅れるかもしれない。

　本社の社員と個人的な人間関係を作ることも望ましい。手紙を書く時に仕事の内容だけでなく、仕事以外の話題を少し入れると親密度が増す。また米国の業界紙(誌)の切り抜きや、クリスマスカードなどを送るのもよい。駐在員がこのような方法をアメリカ人スタッフに伝えて、彼らが日系企業でうまく働く方法を身につければ、本社での評価はきっと上がるに違いない。

第13話
米国市場に疎い日本の本社
モノ、情報、知識の流れを一方向から多方向へ

Q アメリカ人のマーケティング担当者が日本人の上司にこぼす。「日本の商品は、必ずしもこちらで売れるわけではない。こちらの市場に合わせるための変更をしなければならない。それを何回も本社の人に言ったが聞き入れられない。私の意見に聞く耳を持たないのなら、私がこの会社にいる必要はないのでは？」　部下が言っていることはもっともだが、日本人駐在員は本社を動かす難しさも痛感している。

　日本でデザインされ、製造された商品を米国市場で売るためには、米国の顧客・消費者のニーズと好みを日本の本社に正確に伝えなければならない。大切なのは、本社側が米国からの声を聞くこと、そして、アメリカ人スタッフが本社に対して上手に提案することだ。

★本社は米国市場に耳を傾けているか

　日本企業の本社は概して、「デザインと生産はわれわれに任せて、作ったものを米国で売る努力をしてください」などと言う。しかし日本の製品のコストが圧倒的に低く、品質が圧倒的に優れていた時代ならともかく、米国メーカーの競争力が高まった現在、顧客のニーズに敏感でないと米国では成功しない。一方的に本社が何を作るか決めて、米国子会社がそれを売るという

考え方から脱却し、本社は米国組織の声を積極的に聞いて、それに基づいた商品を企画しなければならない。グローバル戦略を成功させるためには、各国の特色を考える必要があるのだ。特に、ハイテク市場に関しては米国企業はイノベーションの最前線に立っている。にもかかわらず、多くの日本企業の本社は外国からの情報収集が十分でなく、米国子会社（および他の海外拠点）からの提案に耳を傾けることに慣れていない。

その原因の一つとして、本社側が持つ優越感（superiority complex on the part of the parent company）が挙げられる。親会社は子会社より地位が高いため、子会社の意見を聞く姿勢を持たないことが往々にしてあるのだ。一方、子会社は本社の言うことに従う傾向が強い。

また、アメリカ人社員を重用せず、うまく生かしきれないということも珍しくない。米国の子会社は、経験豊かで業界に深い理解を持つアメリカ人を雇用し、高い給料を支払っているにもかかわらず、その人の指摘を軽視しがちである。日本人ではないからなのか、たたき上げの人間と違って社外での経験しか持たないからなのか、それとも技術者でなく営業畑の人間だからなのか、そのあたりは定かでないが、いずれにしても十分生かされていないケースはよく見られる。現在のグローバル市場においては、この状況は時代遅れだ。成功するには組織の各部分（子会社でも、セールス部門でも、勤続年数の短い外国人スタッフでも）から入る情報を重視しなければならない。モノ、情報、知識が「中心から外へ」という一方通行で流れるのではなく、多方向で流れるのが真のグローバル企業である。

★アメリカ人に非はないのか？

さて、ここまでは本社側の問題について書いたが、常に本社に非があるとは限らない。アメリカ人従業員の本社を説得する能力にも問題がある場合が多い。言葉の壁はもちろん大きいが、それだけではない。私は仕事柄、日本に出張する日系企業のアメリカ人従業員と会う機会が多いが、彼らのほとんどが日本のマナーとビジネス慣行に関し驚くほど知識が少ない。要するに、何もトレーニングを積まないまま日本に送り込まれ、滞日中にマナー違反をしてひんしゅくを買ったりカルチャーショックを経験したりして、日本人に対しいらだってしまうのだ。その結果、本社の人間との間に不要な摩擦が起これば、出張の目的を達成するのは難しくなる。

本社を動かすためのキーポイントは、よい人間関係を築いて真のコミュニケーションを図ることである。しかし、日本人の考え方とやり方をまったく理解しないのでは、それは不可能だ。飛行機代と宿泊費をかけて行くからには、本社の人と直接コミュニケーションを図り、米国市場の生の情報を本社に伝えなければもったいない。出張する前に、日本の文化とマナーに関する知識を習得させる必要もある。異文化コミュニケーションのセミナーに参加させたり、本を読ませたりするといいだろう。また、日本ではどのように会議やプレゼンテーションが行われるか、といったテクニックを教えることも重要だ。

さらに、アメリカ人従業員を初めて親会社に出張させる際には、その人のプロフィール（勤続年数、以前の勤務先、業界での経歴な

ど）を本社側に知らせておくことも重要である。そうすると、本人への信頼も高まり、本社側も適切に接することができるようになる。

　最後に、米国市場で成功するために、「本社と子会社」「技術者と営業マン」「日本人とアメリカ人」の区別を捨て、アメリカ人の市場エキスパートと日本人の技術エキスパートが対等な立場で協力するチームを形成することが大事だということを指摘しておきたい。

COLUMN

あなたの英語、ここが危ない！

　ある日本人から受けた質問。「以前、アメリカ人に社交辞令のつもりで、Let's do lunch sometime.（いつか昼食をご一緒しましょう）と言ったら、When?（いつですか？）と聞き返されてしまいました。こんな時、どうすればいいですか？　英語では社交辞令は言わないものなのでしょうか」。

◆社交辞令のつもりだったのに……

　結論から言って、外国にも社交辞令は存在する。例えば、米国で Let's do lunch sometime. と言われたら、それは本当にランチに招待しているわけではない。しかし、日本人の社交辞令の頻度は外国人よりかなり高く、また、とてもまじめな口調と態度で言うことが多いため、この場合は本当に招待されたと勘違いしたのかもしれない。誤解を避けるためには、もう少しあいまいなものにした方がいいだろう。例えば、I look forward to seeing you again.（次回お会いすることを楽しみにしています）や Please keep in touch.（連絡しあいましょう）のように。

　しかし、今回はすでに招待のように聞こえる社交辞令を言って、相手の外国人はそれを文字通りに受け取ってしまったわけなので、その場でその招待を取り消したり、実は社交辞令だったということを説明したりするのはお薦めできない。

　代わりに、その場で日を決めずに後で連絡したいというようなことを言えばよいだろう。そうすれば、buy time（時間稼ぎ）ができる。しかしこの場合にも、今すぐ日時を決めない理由を言う必要はある。例えば、I have to check with my wife to see when would be a good time. **I'll let you know.**（妻に聞いて、いつが

よいか確かめなければ。後で連絡します）や I need to check my calendar, **let me get back to you about it**.（予定表を確認しないといけないので、後でお知らせします）。

　さらに、以下のように言えば、万一、相手の家に招待されたと勘違いされた場合にも、家に招かない口実ができる。
・Actually, my wife is planning some remodeling, so the house will not be in any condition to receive guests for awhile. Let's get together, but **someplace other than my home**.（実は妻が今、部屋の模様替えを計画しているので、しばらくは家にゲストを迎えられる状態ではありません。家以外の場所でお会いしましょう）
・It would be great to get together again, but I was thinking about it, and it might be a bit inconvenient for you to come all the way to my home, so why don't we make plans to **meet at a restaurant downtown instead**.（またお目にかかれるのは本当にうれしいですが、よく考えたら、私の家までわざわざ来ていただくのはちょっと不便ですね。代わりに町の中心にあるレストランで会うのはどうでしょう）
・There's a festival going on in my town. Why don't we go to that **instead of coming over to my place,** I think you would enjoy it even more.（私の町でお祭りをやってるんです。私の家にいらっしゃる代わりに、お祭りに行きませんか？　その方があなたもずっと楽しいと思います）

　以上のように言えば、家以外のところでのランチに切り替えができる。しかし、会うこと自体をやめることはできない。関係が

崩れてしまうからだ（なお、アメリカ人と仲よくなるには家に招待するのはとてもよい方法なので、その点も考慮しよう）。

◆危険なあいづち

もう一つ誤解を生む原因として、日本人の「あいづち」の習慣が挙げられる。日本人が始終「はい（yes）」と繰り返したり、うなずいたりしていれば、相手はあなたが完全に内容を理解し、賛同していると解釈する。これはさまざまな誤解につながるので気をつけよう。

特にアメリカ人の頭痛の種になっているのは、こんな状況である。日本人と会話をしている時、相手が話の内容を理解していないのではないかと思って Did you understand? と聞くと、たいていの日本人はうなずいて、Yes. と言う。しかし後で、実はわかっていなかったことが明らかになることが多いのだ。そんな時アメリカ人は、「わからないならわからないと、なぜはっきり言ってくれないのか」と、腹立たしく思う。自分が理解していない時には、わかったふりをせずに Please go over that again.（それをもう一度説明してください）などと言って、理解していないことを相手に伝える必要がある。

◆話し方ではなく、むしろ選ぶ話題に注意

英語には、「敬語や丁寧語」が日本語ほどない。つまり、部下と話す時も、上司と話す時もさほど差がないわけだ。そのため、英語で敬語や丁寧語のようなものを話そうとする必要はない、どの人に対しても基本的な丁寧さを保てば十分だ。しかし、外国人、特にアメリカ人が非常に敏感なのは、ビジネスでつきあっている相手にプライベートな話題について聞かれること。これは失礼にあたる。特に年齢や未既婚、特定の男／女友達はいるのかといった

ような話題は、多くのアメリカ人にとって不快なものだ——初対面の場合は特に。

　代わりにお薦めしたいのは、スポーツ、食べ物、レストラン、映画、本、音楽、旅行、現地のイベント、などのようなトピック。すでに相手と面識があるなら、少し個人的な——例えば出身校や趣味など——について話すのもよいだろう。しかし、たとえ相手の方から振られても、個人的な問題（例えばアルコール中毒や病気）、個人のお金の問題、性的な話題（冗談を含めて）と人の外見に関するコメント（例えば相手自身の外見や——例えそれが褒め言葉でも——、相手の秘書が美人だと言う、など）は、絶対避けるべきだ。

　上記のお薦めトピックは、以下のように切り出せばよいだろう。

Are you a baseball fan?（あなたは野球のファンですか？）
Do you play any sports?（何かのスポーツをやりますか？）
Have you read any good books lately?
（最近、何かいい本を読みましたか？）
Have you seen any interesting movies recently?
（最近、何かおもしろい映画を見ましたか？）
What do you like to do in your spare time?
（暇な時、どんなことをするのが好きですか？）

　もう一つ気をつけたいのは、「日本の食べ物は大丈夫ですか？」や「寿司は OK ですか？」のような質問。日本人と一緒に仕事をする外国人はすでに何百回と尋ねられているはず。こういった質問は避けて、もっと創造性のあるトピック選択をしよう。

Chapter 3

第3章

アメリカ人も日本人もハッピーになれる人事管理法

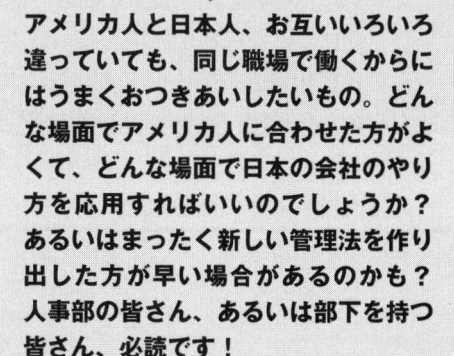

アメリカ人と日本人、お互いいろいろ違っていても、同じ職場で働くからにはうまくおつきあいしたいもの。どんな場面でアメリカ人に合わせた方がよくて、どんな場面で日本の会社のやり方を応用すればいいのでしょうか？あるいはまったく新しい管理法を作り出した方が早い場合があるのかも？人事部の皆さん、あるいは部下を持つ皆さん、必読です！

第1話
「従業員手引き」は会社の法典！
コレさえあれば、アメリカ人も怖くない！

Q 「従業員手引き」（employee/policy manual, employee handbook）は、米国において効果的かつ法律上安全な経営を行うための基本的なマニュアルである。どんなに人数が少なくても、米国で事業活動を行っている企業ならすべてが持つべき物である。従業員手引きの内容が不完全であったり時代遅れであったりしたなら、大きな問題に発展することがある。それはなぜか。

★「従業員手引き」って何？

「従業員手引き」とは、従業員に対して各人の権利と責任（rights and responsibilities）を説明し、勤務上の規則を明確かつ公に述べたマニュアルである。具体的には、

・従業員に会社の方針・規定を知らせる
・従業員にどんな行動が期待されているのかを知らせる
・従業員に休暇とその他のベネフィット（benefit＝健康保険、生命保険、休暇制度などを含む福利厚生）の内容と利用方法を知ってもらう
・雇用問題（あるいは将来的に起こりうる雇用問題）を解決するための適切な手順・手続きを設定する
・法律と矛盾しない形で会社の方針を明確に提示する

第3章　アメリカ人も日本人もハッピーになれる人事管理法

★「従業員手引き」がないと？　内容が不十分だと？

　「従業員手引き」がない企業は、経営に一貫性がなく、偏見や差別が潜在するという印象を与えてしまう。毎回ケース・バイ・ケースで対応をすることになり、例えば、上司によって部下に対する態度が異なったり、同じような問題が起こった場合にも違った対応がなされる可能性がある。また、一人の上司が、自分の好きな従業員には甘く、嫌いな従業員にはつらくあたるというような場合、職場の和を保つことは難しくなる。さらに、従業員の扱い方に統一性がないと、差別と受け取られる場合もあり、これは米国ではたいへん危険である。したがって、ケースごとに同じ基準——すなわち「従業員手引き」に書いてあること——を適用するのは非常に大切なのだ。

　同じように危険なのは、上司の行動と手引きに書かれていることが違う場合である。こうなってしまうと、従業員は手引きを無視するようになり、規則を守らせたい時に守らせることがとても難しくなる。したがって、マネージャーが模範となって手引きの内容を実行することが何より重要だ。

　最後に、方針が不明確な場合も危険である。従業員の誤解を招くと同時に、管理職も不便を強いられる。部下から「この件について会社の方針はどうですか」と聞かれて「わからない」と答えなければならないのは、双方にとって極めて不愉快である。また、そう答えることによって、上司自身の立場も弱く見えてしまう。

★そろそろ見直すころではないですか？

　米国に進出している日本企業の多くは、米国拠点の設立時に従業員手引きを作成したはずだ。1985～90年に進出した企業は、そろそろ内容を見直してもよいころだろう。手引きには最新の内容が盛り込まれ、会社の現在の方針と活動が正確に反映されていなければならない。当時の従業員手引きが今のニーズに合わなくなっていると考えられる理由は、以下のようにいろいろある。

・新法律の制定と施行
労働法は絶えず変化しているので、この変化を従業員手引きに取り入れる必要がある。例えば、92年施行の「米国障害者法」（ADA＝Americans with Disabilities Act）と93年施行の「育児介護休業法」（FMLA＝Family and Medical Leave Act of 1993）は「従業員手引き」に反映させるべきである。

・会社の拡大
会社の業務の拡張につれて、ルーティンワークや事業のやり方は変わるので、これも手引きに反映させる必要がある。例えば、三、四人規模の会社なら事務用品の注文やエクスプレス配達の利用方法はあいまいでもかまわないだろうが、会社が大きくなればこうした手続きを形式化（formalize）する必要がある。営業事務所として設立された拠点が製造機能を持つようになった場合も、手引きを調整する。また、従業員数がある基準を超えると、法律上の新しい義務が発生する。例えば、25人を超えたら連邦政府の「健康保険連続権利」（COBRA＝Consolidated

Omnibus Budget Reconciliation Act）が適用され、50人を超えたら育児介護休業法が適用される。

・別地域への進出
アメリカでは州によって法律が異なるので、ある州で作成した従業員手引きをそのまま他の州で流用することはできない。もし別の州に新しい事務所や工場を開設したら、手引きの内容を見直す必要がある。

・福利厚生の変化
もし変更があれば、手引きに反映させる必要がある。

・会社の任務／経営哲学の変化
人事異動によって米国拠点の幹部が変わる場合、現在の幹部の経営哲学や経営方針と矛盾がないかどうか、目を通した方がいい。

★よい従業員手引きとは？

現在の「従業員手引き」が完ぺきかどうかについては、以下の観点から検討するとよい。

・**休暇の累積の仕方**はきちんと説明されているか
・**時間外勤務の許可のとり方**は書かれているか
・**時間外勤務や欠勤を報告する方法**は説明されているか
・**すべての福利厚生**の概要と、どの従業員が利用可能か（全従業員、あるいはパートタイムとフルタイムの区別があるか）は、書かれているか

・祝祭日は明記されているか
・苦情申し立て方法（grievance procedure）は定義されているか
・段階的懲戒制度（詳細は197ページに）は説明されているか
・セクハラ予防、障害者のための便宜、軍隊参加休暇などについて方針が書かれているか
・「自由意志に基づく雇用関係」の原則（employment-at-will）が入っているか。すなわち、「従業員手引き」は雇用契約ではないことを説明する文章が書かれているか
・米国の法律や習慣との矛盾がないことを専門家に確認してもらったか

★「従業員手引き」を味方につける！

　「従業員手引き」は、従業員のための規則を述べるものであり、従業員に対して会社の哲学をわかってもらうための基本的なメディアでもある。入社すると最初にもらう書類の一つなので、会社の風土を従業員に伝えるという大切な役割がある。であるから、従業員を歓迎しているような雰囲気をかもし出す書き方をする必要がある。書き方が厳しすぎたり、あるいは従業員を見下すトーンであれば、よい感じは与えない。きっぱりと公正な感じを与えつつ、つづりや文法に間違いのない、わかりやすい自然な英語で書かれていることが望ましい。

　よい「従業員手引き」は管理職のよき道具であり、従業員にとっては大切な参考書である。また、職場での生活をよりよくするものでもあるので、会社にとっての財産であるという認識を常に持つようにしたい。

第2話
米国流の人事評価制度

アメリカでは実績こそがモノを言う！

Q　正月休みが明けると、多くの会社では、従業員の過去一年間の実績を評価する（performance evaluation）季節になる。日本人管理職には実績評価を嫌がる人が多いが、米国では、非常に重要なので徹底的に行うべきである。最近、日本国内でも年俸制（annual wage system）や奨励金制度（incentive system）が話題になるとともに、実績評価が注目されている。効果的な実績評価制度とその制度の実施が、なぜ従業員や会社にとって大切なのだろうか。

★フィードバックによっておのれを知る

　アメリカ人従業員は、自分の仕事に対する上司からのフィードバック（feedback）をとても重要視している。フィードバックには二つの方法があって、両方とも行う必要がある。**インフォーマル・フィードバック（informal feedback）** は、日常業務の中で従業員に感謝し、手柄を褒め、改善点を指摘すること。**フォーマル・フィードバック（formal feedback）** は、会社の正式な実績評価制度を通じて、ある期間（普通は一年か半年）の業務内容に関する意見と改善点を、文章と面談の形で従業員に伝えることである。

　後者のプロセスで伝える情報は、従業員にとって非常に大切

である。それには三つの理由がある。第一の理由は、アメリカ人従業員が、フィードバックを自分の努力が認められた証と考えるからだ。アメリカ人は皆、上司の意見を知りたがっている。

第二に、フィードバックによって、従業員は自分の仕事ぶり（performance）のよい部分と悪い部分を知り、多くを学ぶことができる。そういった情報がないと、何を伸ばしていけばいいのか、何を改善すればいいのかがわからない。仕事を通して成長したいと考える従業員にとって、実績評価によって出てくるフィードバックは価値があるのだ。

最後に、フィードバックを大切にする背景には、自分のキャリアプラン（career planning）との関係がある。アメリカ人は自分にいちばん合っていて、いちばん力を発揮できる会社と職業を絶えず探しており、転職（changing jobs）も一般的だ。そのため、今後転職の必要があるかどうかを判断するのに、実績評価から得られる情報は大いに参考になるのだ。

★会社にとっての実績評価のメリット

会社側からすれば、実績評価に基づくフィードバックは、従業員とのコミュニケーションのきっかけになる。正式なフィードバックは特に重い意味を持つため、従業員は熱心に聞く。大切な情報を伝えるにはこの機会を十二分に利用しよう。

日常の業務の中では、従業員に伝えたいことがあっても、伝える適切な時期と方法を見つけるのは難しい。仕事に追われて、言うべきことも言わなくなってしまう傾向がある。実績評価プ

ロセスは、意見を言うための時間と方法を提供するので、管理職にとっても非常に価値がある。

　また実績評価は従業員の働きぶりと実績の公式な記録になるので、会社にとっても大切な資料になることを忘れてはならない。そのため、管理職は正確な評価を記す必要がある。忙しすぎる、あるいは問題点を書面で残したくないといった理由のために実績評価を怠ると、思わぬ損失につながる場合がある。

　ある日系企業で起きた例を紹介しよう。その会社は、勤務態度の悪いアメリカ人女性従業員を解雇しようとした。ところが、解雇準備のため彼女の実績評価を見ると、すべて「よい」と記入されており、問題点は何も書かれていない。勤務態度が悪いことを示す証拠がないのに解雇すると、彼女は差別的な理由で解雇されたとして提訴する可能性がある。そうなれば、会社が危険な立場に陥るのは明らかだ。その会社は結局解雇をあきらめた。

★さあ、実績評価の準備をしよう

　実績評価制度を行うには、下記の要件を満たす必要がある。

・理解しやすく、使いやすい書式
管理職および全従業員が理解できるフォームと、明確な評価カテゴリーが必要である。従業員が読んで意味がわからないのであれば、改善する必要がある。また、たくさんの従業員の評価を行わなければならない管理職のために、記入しやすいフォームであることも重要だ。

・形より内容の重視

多くの在米日系企業が失敗するのは、**実績評価制度において、遅刻の回数（number of instances of lateness）や机の上の整理（neatness of the desk）、業務日（週）報の提出の頻度（frequency of submitting daily or weekly work reports）などを重視しすぎることである。**こういったことは、よほど仕事に支障をきたさないかぎり、実績評価の中では小さく扱われるべきであろう。このような瑣末な勤務態度をあまりに重視すると、アメリカ人従業員（特に専門職や管理職）は「優先順位が違う」と思いかねない（時間厳守と整理整とんを重んじる製造現場では話は別だが）。アメリカ人が考えている実績評価というのは「形」より「内容」を重視するもの——つまり、表面的なことよりも実際の責任の遂行状況と仕事の結果に重きを置くことである。

・従業員の自己評価（**self-evaluation by employee**）

実績評価制度で最も効果を上げるには、一方的に上司から部下へ行わず、従業員自らも自分の仕事を評価させる。このため、多くの米国企業は特別自己評価フォームを使っている。上司からの評価を受ける前に、従業員はそのフォームに記入して、自分の実績を振り返る。ある日本人の管理職がアメリカ人の部下について「フィードバックの面談の時、自分の長所ばかりを声高に売り込むので困る」と漏らしていた。この点、自己評価フォームは実際の業績に基づいた記述なので、よい点も悪い点も反映されていて、効率的である。

・目標を設定する

実績評価のフィードバックは、前年の実績確認だけでなく、次の一年を前向きに考えるよい機会でもある。特に、改善すべきことについて具体的な目標を設定するとよいだろう。そうすれば一年後、実際の結果を目標と比較でき、より深く、精密な評価が可能になる。

・管理職（マネージャー）のためのトレーニング
前述のような、実績評価に基づく完ぺきなフィードバックを行うにはスキルが必要である。そのため、毎年実績評価の季節には、全マネージャーのためにトレーニング・プログラムを実施するのがよいとされている。プログラムでは、実績評価の理論とテクニックの説明、およびロールプレーイング練習（役割演技）を行う。また特に在米日系企業においては、米国文化に特有の、より直接的なコミュニケーションと意思伝達スタイルに関するトレーニングを日本人管理職に行うと、フィードバックの際に役立つはずだ。

・入念なファイル作り
実績評価は人事の正式業務の一つなので、関連書類（実績評価フォーム、自己評価フォーム、設定された目標の記述）のコピーを従業員の人事ファイル（official personnel file）に保管しておく必要がある。将来、昇格や解雇の人事決定をする時や会社と本人との雇用関係において法律的な問題が発生した場合、このファイルは大切な参考資料になる。

★**実績評価をした後で……**

　実績評価を行ったのなら、その結果を昇給や昇進の決定に利

用する必要がある。そうしなければ、実績評価もアメリカ人の目には「意味のない、たてまえだけ」の行為に映り、混乱といらだちを招く。また、注意したいのは、こういった考え方が米国の労働法にも反映されているということだ。米国では、能力以外の特性（年齢、性別、人種、宗教、肌の色など）によって仕事の条件（給料、責任分担、昇格・昇進、解雇など）を決めることは禁止されている。**法律的に認められている従業員の評価基準は、仕事の実績だけなのだ。**したがって実績評価後は、従業員が受けた評価と従業員が受ける扱いに十分関連性を持たせることが大切である。

第3話
休暇中の従業員に仕事をさせるには？
部内全員で対応策を考えよう

Q 夏の休暇の時期なのに、急な仕事が入ってきた。すでに計画されているチームの休暇スケジュールを守っていては、締め切りに間に合いそうにない。休暇をキャンセルするよう頼んだら、アメリカ人従業員はどう反応するだろうか。

★与えられた休暇を利用しないアメリカ人はいない

　アメリカ人は、休暇を権利のように考える傾向が強く、いつでも自由にとれるはずだと思っている。もちろん、会社の都合と関係なくいつでも、というわけではない。多くの企業は従業員手引きの休暇の項目に、「会社の都合によって従業員の休暇スケジュールを決めたり、計画されている休暇の変更を依頼する場合もある」という但し書きを入れている。しかし、これを言葉通りに実行すると従業員の強い反発を招くので、緊急時以外には薦められない。要するに、会社には休暇の変更を命令する権利はあるが、それを利用することはベストな手段とはいえないのだ。

　日本では、与えられた休暇を完全に消化しなかったり、長期休暇を避けることがまれではない。また日本の職場では、会社や同僚に迷惑をかけないように休暇を計画する傾向が強い。こういった環境では緊急の場合、自分の休暇を犠牲にすることも

考えられる。アメリカ人の場合、会社はもちろん大切だが、プライベートな活動（特に家族との時間）も重視するべきだと考えている。休暇でリフレッシュすることは、極度の疲労（burnout）を防ぎ、効率的に仕事をするために絶対必要だという考え方が強い。

したがって、このケースの場合、急な仕事を締め切りに間に合わせるには、**従業員に休暇中止や変更を命令するのではなく、状況を説明して彼らの協力と提案を求めるのが効果的だ**。各自がスケジュール通りに休暇をとると仕事が締め切りまでに完了できないので困っている、とアピールする。このためには、次のような表現が特にインパクトが強い。

・**I am relying on you to** help me come up with a way to meet this deadline.（締め切りに間に合う方法を皆に考えてもらいたい）
・**I need your support in** finding a good solution.
（よい解決策を見つけるために、あなた方の協力が必要だ）
・**By working together,** I know we can find a way to deal with this situation.（皆が協力すれば、解決策は見つかるはずだ）

このように言えば、アメリカ人の仕事に対するプライドやチームワーク、創造性に訴えることができる。また、アメリカ人は偉そうに振る舞う上司を嫌い、自分には皆の協力が必要だと言える上司を尊敬する。肩書を利用して命令するより、上記のような対等な立場からの協力依頼が有効だ。

★ブレーンストーミングの正しいやり方

また、アピールをした後は、提案を募るために brainstorming（ブレーンストーミング）を行うとよいだろう。まず、Let's spend some time brainstorming about what we can do. （どうすればよいか、しばらくの間ブレーンストーミングをしよう）と言えば、アメリカ人はさまざまな提案をするだろう。この時出されたアイデアを批判したり、問題点を指摘したりはしないこと。否定的な発言のない雰囲気で皆が活気づけば、より創造的なアイデアが生まれる。これはブレーンストーミングの基本ルールだ。そして、アイデアが出そろった段階で、If there are no further ideas, let's stop brainstorming and evaluate the alternatives that we have generated.（他の提案がなければブレーンストーミングをやめて、選択肢の分析に入ろう）のように告げる（このようにしないとブレーンストーミングをいつまでも続けることになり、結論は出ない）。

各提案のよい点と悪い点を比較検討し、どの方法がいちばんいいか、あるいは複数の提案を同時に採用するかどうかを、皆の同意を得て決定する（この方法はいろいろな問題解決や意志決定に応用できる）。こういったプロセスを経ると、さまざまな解決策が出てくるだろう。中には休暇の前に残業したり、休暇先にノートパソコンを持って行って仕事をする者も出てくるかもしれない。上司が命令すれば反発を招く可能性が高いものでも、アメリカ人従業員自らが選んだ解決策であれば抵抗は少なくなる。

彼らの提案の中には、会社の従来のやり方と異なるものもあるかもしれない。例えば、人材派遣会社に temporary professional（臨時的に雇える専門職者）の派遣を依頼したり、仕事のプロセスを変更したりするなど。これらを「前例がない」という理由だけで否定してはいけない。常にオープン・マインドで考えることが重要である。英語には、work smarter, not harder（もっと一生懸命にではなく、もっと賢く仕事をしよう）という表現があるが、従業員の提案の中には smarter な方法もあるはずだ。アメリカ人は「さあ、試してみよう」という姿勢を評価するのである。

★スピーチで上司らしさをアピールする

　今回のようなケースで、締め切りに間に合わせるためチームの全員が力を合わせて普段以上に努力した場合、上司はその仕事を終えてから、感謝することが大切である。そんな努力は当たり前、という態度だと従業員はがっかりして、次回何か起こっても頑張る気がしなくなる。例えば感謝の意を示すために、締め切り後の金曜日の午後四時ごろに、皆を会議室に集めて、ケーキやピザを出してちょっとしたパーティーをすれば喜んでもらえる。このように目に見える形で感謝を表すとインパクトが強い。なお、その時大切なのは、最初に皆の前で五分くらいスピーチをすることだ。

・I planned this small celebration as a way of **thanking all of you for your efforts** in meeting the deadline.（締め切りに間に合わせてくれた皆の努力に感謝して、この場を設けました）
・**I really appreciate that** we could achieve our goal.（目標

を皆で達成できたことに本当に感謝しています)

　このようなスピーチは、アメリカ人の目にはリーダーとしてふさわしい行動と映る。感謝を言葉にしない上司には、アメリカ人部下はついてこない。上司はできるだけ頻繁に、従業員の努力を口頭で認める方がいいわけだ。

第4話

辞めさせた方がいいのかどうか

その解雇は本当に妥当なものですか？

Q あるアメリカ人女性社員の業績が非常に悪いため、経営側は解雇したいと考えた。しかし、なかなかクビにできない。なぜなら、彼女の日本人上司は怒鳴る（yell）ことが多いので、見方によれば脅迫（threats）ともとられかねず、解雇すると訴訟（lawsuit）を起こされる可能性があるからだ。しかし解雇しなければ会社全体の仕事の能率に悪影響を及ぼす。いずれにしても困った状況だ。

★米国における解雇の意味

リストラが増えたとはいえ、終身雇用（lifetime employment）に慣れている多くの日本人管理職にとって、従業員の解雇（termination, dismissal）はあまり一般的なトピックではない。しかし、**米国では解雇は無視できない経営手段の一つである。**日本に比べて、比較的簡単に従業員をくびにするイメージがあるかもしれないが、決して安易に実行しているわけではない。**解雇は強力で、しかも危険な手段であるため、その敢行には注意が必要だ。**

多くの日本企業は米国式の実績評価制度を持っておらず、従業員と一対一で面談をする機会も少ない。そのため、直接的なフィードバックの代わりに、実績の低い従業員を重要プロジェ

クトから外し、どんどん村八分にしていくケースが多い。自分の仕事のどこをどのように改善すべきか知らされもせず、業績を向上させるための指導も受けられない。そして、人事異動とともに問題は他部署に移り、解決することはない。こういった環境で育てられた日本人マネージャーには、米国の労使環境に不可欠である問題解決と懲戒方法に関する知識が欠けていることが多い。**直接的なコミュニケーションが重要視される米国では、従業員に、改善すべき点をはっきり指摘するのが普通だ。「臭いものにフタ」ではなく、問題を表面化させて話し合うことによって、従業員は向上への第一歩を踏み出すことができるのである。**

★あなたはこんな間違いをしていませんか?

　業績や勤務態度に問題のあるアメリカ人従業員の扱いについて、日本人上司が頻繁に犯している間違いをいくつか挙げてみよう。

・本人に問題の内容を知らせない
自己改善をさせるには、仕事上の欠点や向上すべき点を積極的に指摘しなければならない。すなわち、従業員に対するフィードバックが不可欠なのだ。一般論ではなく、具体的に望ましい行動と望ましくない行動を説明する必要がある。問題点を指摘すれば、従業員はそれを改める可能性があるが、指摘しないと改善の機会を失うことになる。従業員の向上を推進するためには、「目標管理」(MBO = management by objectives) が特に有効である。改善しなければならないことについて話し合い、具体的な目標とその達成の時期を設定すれば、従業員には目的が明確となり、管理者には評価の目安となる。ポイントは、**解**

雇される時になって初めて、従業員に自分の問題に気づかせるのはよくないということだ。

・勤務態度の問題点を記録しない
記録のないまま従業員を解雇すれば、不当解雇（unfair discharge）の訴訟を起こされた際に会社は抗弁できなくなる（詳しくは第3章第5話を参照）。その人の仕事に何が足りなかったのか、なぜ解雇しなければならなかったのかを細かく記録して、本人の personnel file（人事関連データのファイル）に入れておくのである。問題が起こった時点で、従業員の業績や勤務態度に関するデータを定期的に記録するようにしておくのがよい。解雇する直前に急いで証拠をまとめようとすると、説得力に欠ける上、不当解雇で訴えられる危険性もある。

・上司の管理能力が低い
日本人社員が米国に赴任すると、日本でのポストより昇格するのが普通だ。部長（department manager）は支店長（branch manager）や社長（president）に、課長（section chief）は部長に、係長（assistant section chief）は課長になる場合が多い。そうすると、一層洗練された管理技術が必要となる。その上、最近ではどんどん若い駐在員を送り込んでくる傾向が強いため、日本で管理経験のなかった人が米国で突然数人のアメリカ人部下を持つようになることも珍しくない。社員を管理するのは日本国内でも難しいので、言葉と習慣が違う米国ではさらに困難になる。リーダーシップの資質を十分持っていない人が周りに圧倒され、怒鳴り散らすことで問題を解決しようとするケースが、残念ながら少なくない。日本には、従業員に厳し

く接すればもっと頑張るはずという考え方があるが、米国では優しく好意的に接した方が、従業員もより努力してくれるという考え方が強い。特に、脅迫ととられるような行為は許されないということを、日本人社員全員に伝えるべきである。

・段階的懲戒制度（**progressive discipline system**）を利用しない
段階的懲戒制度というのは、定められた懲戒のステップであり、普通は会社の従業員手引きに記載されている（第3章第1話を参照）。従業員を解雇する前に、この段階的懲戒制度の各段階を経る必要がある。最初の段階は警告をするための手紙（warning letter）で、それでも勤務態度が改善されない場合、「改善されなければ解雇する」という観察期間（probation）に入る。それでも問題が改善されない時は、解雇することになる。この段階的制度の目的は、改善が必要であると各段階ではっきり従業員に伝え、仕事のやり方を見直す機会を与えることである。

・課題を抱える従業員を放っておく
米国企業では、従業員がある点において「needs improvement」（改善の必要あり）と評価された場合、その改善を推進するためにトレーニングの機会を与える。例えば、社外セミナーに参加させたり、自己教育のための本やワークブック（そのためのソフトもある）を購入したりする。最近特に多いのが、executive coaching（エグゼクティブ・コーチング）という管理職や専門職のための特別な指導法だ。これは、従業員の業績向上を目的とした、コンサルタントによる一対一の指導で、賢明な企業はこういった教育費用を投資として考えている。これ

は従業員の将来的な貢献への投資であり、かつ、会社の将来的なコスト増回避への投資ともなる。代わりの従業員を採用して訓練するコストや、訴訟に勝つための費用に比べれば、セミナーなどの費用ははるかに安いからだ。

・過去の問題にとらわれ、今後の向上の可能性を見逃す
日本人上司は、部下の従業員の勤務態度が一度悪くなると、その後、その人に対して期待を抱かなくなる傾向があるようだ。しかし米国の文化には、誰でも努力すれば生まれ変わることができるという考え方がある。これまでの成績がそれほどよくなくとも、向上していくよう刺激を与え、指導をすれば、大幅な改善も可能なのだ。過去の失敗に引きずられて、従業員の潜在能力を見逃さないようにする必要がある。

・従業員を教育するより、解雇する方が簡単だと思っている
問題を抱えている従業員を直接指導して改善を促すのが苦手なので、解雇することで手っ取り早く事を解決しようとするのは誤りである。従業員の教育は管理者の仕事の一つだからだ。

・アメリカ人従業員には厳しく、日本人駐在員の問題は見逃す
このような二重基準（double standard）を持つのはよくない。勤務態度に問題があれば、日本人であれアメリカ人であれ、同じように、厳しく対応する必要がある。

・解雇する必要があるのに解雇しない
さまざまな手を尽くしたにもかかわらず、問題が解決できない場合は、思い切って従業員を解雇するしかない。理由が適切で

証拠が十分かどうか、弁護士のアドバイスを受けるとよい。前述のように、従業員を解雇する際には十分気をつける必要があるが、深刻な問題を改善しようとしない者を雇い続けることは、他の従業員の不満の種となり、会社の生産性を低下させる。

・再就職のあっせん（**outplacement**）をしない
米国企業では、最近、従業員を解雇する時に再就職先をあっせんするのが習慣になっている。具体的には解雇する人に対して、専門会社が次の就職先を探すためのアドバイスと手助けをし、その費用を元の会社が払うというもの。目的は、解雇後も従業員を援助してスムーズに再就職できるようにするということだが、これを提供する日系企業は少ない。

第5話
雇用訴訟は他人事ではない
まずは問題が起こらない土壌作りを

Q 米国の労働環境において、雇用訴訟は大きな危険性を持つ。雇用に関する米国の法的枠組みは複雑な上、アメリカ人は「公平」（fairness）と「権利」（rights）に対する意識が高くて米国の原告側弁護士（plaintiff's bar）は押しが強く、攻撃的（aggressive）でさえある。また、日本の法律と慣行は米国とかなり異なるので、日本で普通とされている行動でも米国でやれば大きな問題になる可能性がある。また、言葉の壁や文化の違いがあるので、訴訟の種になってしまうような誤解が起こりやすい。その上原告側の弁護士の目には、日系企業は金をあり余るほど持っている、「おいしい」相手に見えるのだ。

★あなたの会社が訴えられる危険度は？

米国では不当解雇、差別、セクハラなどを理由とした雇用訴訟が多いため、米国の保険会社はその対策として新種の保険を作った。そのうちの一つが、最近米国の企業の間で一般的になりつつある、Employment Practices Liability Insurance（雇用慣行責任保険）である。このような保険を売る時、保険会社は保険料を決めるために、その会社の危険性を厳正に査定する。この査定では、何が基準になるのだろうか。

私が最近目にした、ある保険会社の雇用慣行責任保険申し込

み書から、代表的な項目を紹介しよう。自社の雇用慣行を評価するチェックリストとしても使えるはずだ。

・管理職全員が、従業員の管理と人間関係をテーマにしたトレーニング・セミナーを定期的に受けていますか
・新入社員に対して教育を実施していますか
・従業員手引きがありますか
・従業員手引きをすべての従業員に配っていますか
・すべての従業員に対して、定期的に書面による実績評価を行っていますか
・従業員からの、差別やセクハラの苦情に対応する方法を、書面で規定していますか
・従業員の採用、昇進、異動、解雇、昇給、配属などに関する、差別予防方針と一定の手順が書面で用意されていますか
・セクハラ予防方針を書面にして全従業員に配っていますか
・Affirmative Action Plan（少数民族や女性、障害者の雇用・昇進を積極的に推進する計画）を持っていますか
・Equal Employment Opportunity Policy（雇用機会均等方針）がありますか
・禁止されている嫌がらせ（harassment）について全従業員に定期的な教育を施していますか
・職務内容記述書（job description）が各ポストのために書面で用意されていますか
・各従業員の人事管理関連情報の記録（personnel file）を保存していますか
・従業員の出勤・欠勤、残業、休暇取得と利用状況などについて記録を持っていますか

・仲裁による問題解決手順（arbitration procedures）を書面で規定していますか
・書面による苦情処理手順が用意されていますか
・書面による従業員安全プログラム（safety program＝安全対策、社内安全活動の規定）を持っていますか
・「自由意志に基づく雇用関係」の方針（at-will-employment）が設定されていますか

　以上の質問に対してノーの答えが多いほど、保険の審査を通りにくくなる。雇用訴訟の危険を少なくするには、会社の人事管理を充実させるのが最も効果的だということだ。米国で必要とされている方針や制度を持たなかったり、あるいは不十分だったりすれば、雇用訴訟を招く可能性は高くなる。提訴の段階まで進んだらもう手遅れなので、問題が発生する前に行動を起こそう。

★訴訟が起きたらこんなに大変

　まず、従業員（アメリカ人と日本人の両方）を対象にしたトレーニングを実施し、苦情処理方針を設定・社内発布すれば、問題が起こりにくい環境が作れる。仮に問題が起こったとしても、早い段階のうちに芽をつめるような手順も確立できる。日常業務が多忙な中、このような予防法を確立するのは面倒だろうが、訴訟の危険性を忘れてはいけない。実際に訴訟が起これば、以下のような損失は免れ得ないのだ。

・時間の浪費
　訴訟が起きると、法的書類の作成・提出、証拠集め、会議や

証言のための出廷、弁護士との相談などに、信じられないほど時間がかかる。

・膨大な費用
弁護士を雇う必要があるため、法律事務所への支払いがかさむのは避けられない。なお、裁判の結果、賠償金（damages）あるいは和解金（settlement）を払うことになったら、会社の利益に悪影響を与える。

・社内の雰囲気の悪化
ある従業員が会社を提訴したというニュースが広まれば、社内の雰囲気が悪くなる可能性が高い。普通、従業員は会社より原告を信じる傾向があるし、訴訟が起こったということ自体、各従業員が不満を持っていることの裏付けになるからだ。

・管理者の評判の下落
特定の管理者下で訴訟が起これば、その管理者の評判が悪くなる可能性もある。アメリカ人従業員からの支持が低下するばかりか、日本の本社からも厳しい目で見られかねない。

・対外的なイメージダウン
訴訟のニュースが社外に流れると、その地域における会社の評判が著しく悪化する危険性も否定できない。従業員の待遇を重要視している米国企業では、訴訟が起こるのは会社にとって恥ずかしいことだと思われている。

・訴訟は苦悩のプロセス

言うまでもないが、訴訟というのは人間同士の強い感情のぶつかりあいだ。これは双方にとって苦痛を伴う行為である。

　つまりいったん訴訟が発生してしまったら遅すぎるということだ。大切なのは、問題が起きる前にしっかりした雇用形態を築き、トレーニングを行って、会社の方針・手順を正しく設定すること。前向きに努力すれば、訴訟が起こりにくい環境が作れるのである。

第3章 アメリカ人も日本人もハッピーになれる人事管理法

第6話

セクシュアル・ハラスメントはどう防ぐ?
「3ステップ」で防御せよ

Q 1996年の米国三菱自動車製造セクハラ事件(※注)以来、セクシュアル・ハラスメント(性的嫌がらせ)をめぐる訴訟の危険性が在米日系企業の間でますます注目を浴びてきた。在米日系企業に限らず、米国では近年、セクハラ訴訟の数が急増している。「米国雇用機会均等委員会」(EEOC=Equal Employment Opportunity Commission)を通じて提訴された件数は1990年以降、2倍以上に増加しており、米国の経営環境においてもはや無視できない問題となっている。

セクハラ訴訟が起きにくい社内環境を作るために、会社はさまざまな対策を用意できる。**一つはトレーニング、二つめは人事管理構造への組み込み、三つめはリーダーシップ**。セクハラ予防のためにはこの三つの方法を合わせて行うのが最も効果的だろう。以下にそれぞれについて具体的に説明しよう。

★転ばぬ先の杖としてのトレーニング

セクハラを防ぐためには、従業員のトレーニングがまず第一だ。このトレーニングには二つのタイプがある。

・セクハラ予防の基本を紹介するトレーニング・セミナー:一般従業員向け

セクハラの定義と、法律によって何が許されていないかの説明、それにケーススタディーの紹介から成る。できれば、全従業員を対象に行うのがよいだろう。セクハラを回避することによって職場環境の向上を目指すというアプローチが特に効果的だ。

・セクハラ予防トレーニング・セミナー：管理職向け
セクハラ予防において、管理職者は特別な役割を持つ。このセミナーでは、部下から相談を受けた場合にはどうすればよいか、および部下の間でセクハラが起こっていないかをチェックするための方法を紹介する。なお、管理職が組織内での権力を悪用してセクハラを行わないよう、会社としての対セクハラ姿勢を伝えておくのもよいと思われる。

セクハラ予防トレーニングには二つの利点がある。まずは、トレーニングを受けることによって従業員の意識が高まり、その後の自分の行動に気をつけるようになること。もう一つはもし会社がセクハラ訴訟を起こされた場合、トレーニングを行ったという事実を、会社の適切な行動の証拠として答弁に使える。

★会社としての正式な対応：人事管理構造への組み込み

セクハラ予防のためのトレーニングは不可欠だが、それだけでは不十分である。ハラスメント対策を、会社の人事管理機構に組み込み、常識的かつ一般的な事項として意識されるようにできれば理想的だ。

・従業員手引き（詳細は第3章第1話参照）に明示する
従業員手引きの中に、会社がセクハラに強く反対している旨を

はっきりと記述する必要がある。そして、セクハラを含む、従業員への差別に対する苦情に対応するために、特別な手順を設け、各管理職がそれに従うように徹底することが大切である。このような決まった手順がないと、本来ならば慎重に取り扱われるべき苦情を、各管理職が個人的なレベルで安易に処理してしまう危険性がある。

・段階的懲戒制度（詳細は197ページ参照）で対応する
この実施方法は従業員手引きにも明記して、全従業員に周知徹底しておく必要がある。

・評価基準の項目に盛り込む
従業員の実績評価フォーム（詳細は185ページ参照）に、ハラスメントの回避などを含む良好な人間関係の構築を、評価基準の一項目として盛り込むとよい。そうすることによって、このトピックの重要性を従業員にきちんと伝えることができる（評価は昇給、ボーナス、昇進などに影響するので、従業員は評価表の項目には特に気をつける）。また、評価表にこの項目があると、仮に従業員がハラスメント的な行動をとった場合、そのことをはっきり記載し、記録として残すことができる。

★管理職に報告しやすい雰囲気作りを：リーダーシップ

　課長以上の管理者のリーダーシップもセクハラ予防には大きな効果がある。管理者と一般従業員の間によい人間関係とコミュニケーションが存在すれば、管理者は職場の雰囲気をモニターでき、大きなトラブルになる前に問題の種を取り除くことができる。また、管理職がオープンで話しやすい態度を示せば、

報告しやすい雰囲気になる。

　要するに、管理する側が従業員に顔を知られていなくてはいけない。残念ながら、多くの在米日系企業では、日本人の管理職と一般のアメリカ人従業員の間には、壁ができてしまっている。日本人管理職の多くは会社の管理で手いっぱいなので、アメリカ人従業員とほとんど会話を交わさない。「忙しいから、不要な世間話をしたくない」、「一般従業員の管理はアメリカ人マネージャーに任せてあるから、そんなに話をしなくてもいいだろう」、「一般従業員と話すには英語を使わなければならない。これは面倒だし時間がかかる」というふうに考えがちである。

　しかし、管理職と一般従業員の間に直接的なコミュニケーションがなかったら、管理職が入手する情報は指揮系統の上部からのものだけになる。下位のマネージャーの中には、管理側に都合のいい情報だけを伝える人も多いだろうから、情報は偏ったものになりかねない。そうなると、仮に問題が発生したとしても最初の段階で気づくことができず、問題が深刻化して、隠すことが不可能になった時点でようやくわかることになる。

　そうならないようにするためには、管理職は直接、一般従業員と話すように心がけ、会社の実状を正確に把握するしかない。米国では、このマネージメント方法を management by walking around（歩き回ることによる管理）と呼ぶ。しかし、これを成功させるには、会社の中を「歩き回る」だけでなく、歩き回りながら従業員に声をかけることが必要である。How's it going? や How are you doing?（ともに「調子はどうですか？」の意味）などと

声をかけるとよい。複雑な話をする必要はなく、従業員に対して関心を示すことが大切なのである。できれば毎日職場を回って、最低一人とは会話することが望ましい。

このような行為で、従業員は管理職に親しみを感じ、問題があれば話せるようになる。これは特にセクシュアル・ハラスメントのような微妙な問題に対して効果的だ。**問題が度を越すと、従業員が弁護士に連絡する可能性が出てくる。**もちろん会社としては、弁護士に連絡する前にまず社内の誰かに話をしてくれる方が望ましい。その意味で、話を聞いてくれる管理職はぜひとも必要なのだ。

※注：米国三菱自動車製造（本社・イリノイ州）の女性従業員が社内で性的嫌がらせを受けたとしてEEOCに提訴。二年後の98年6月、セクハラ訴訟としては過去最高額の3400万ドル（約49億円）の和解金を支払うことで合意、セクハラに対する日本企業の「わきの甘さ」を露呈した。

COLUMN

「年だから英語習得が遅い」はウソ!

　周りの日本人から頻繁に聞くのは、「私は年をとっているから英語を学ぶのが遅い。単語もすぐに忘れてしまう。努力しても無駄です」ということ。こういうことを聞くと、いつも悲しく感じる。確かに言語学者によると、7歳を過ぎると語学習得力は下がるらしい。7歳までは頭がやわらかく、ほとんど「勉強」せずに自然に言語を身につけるため、外国語も母国語と変わらないほど吸収するのだそうだ。とは言うものの、「年をとると」語学習得力が下がる、という研究発表は聞いたことがない。つまり50歳の人の語学習得力が20歳の人より低いなどというのは根拠がない、神話なのだ。

◆英語習得とダイエットは両立できない?!

　では、「若い時と比べて語学の上達度が遅い」と感じるのはなぜか? 一つにはたぶん、年をとるにつれて責任が増え、勉強に集中するのが精神的にも時間的にも難しくなるからではないか。私も現在、会社経営のかたわら、スペイン語の習得のための時間を何とかとろうとしているが容易なことではない。昔、大学のラボで何時間も日本語のテープを聞いたり、部屋で漢字を練習したりしていた頃を懐かしく感じている。というわけで、私のスペイン語の行く末は暗いが、しかしこれは私の学習能力の低下したからではなく、生活が変わったからだと思う。

　これはつまり、**語学を習得するには、できるだけ他の責任を軽くすることが望ましい**とも言える。例えば休暇をとって英語漬けになるのもよい。普通の生活と責任から離れて語学習得に集中しやすくなるからだ。また逆に、**仕事やプライベートが非常に忙しくてストレスの多い時期には、語学で多くの進歩を期待しない方**

がよい。例えば、結婚、出産、病気、引越しといった時期、あるいは仕事で大きな取引や急ぎの締め切りのある時に英語の習得も、というのはあまり望ましくない。こういう時には、今まで学んだことの maintenance（維持）だけで十分な目標になる。

しかし、「覚えた言葉をすぐ忘れるのは、やっぱり年のせい」という考えはどうだろうか。実は、覚えた言葉を忘れることは、年をとった人だけの問題ではないのだ。私が大学入試の勉強をしていた時 ── 米国の大学入試は、難しい単語をたくさん覚える必要があって、多くの学生が単語を覚えるのに四苦八苦するのだが ── 私の先生は、**新出単語を覚えるには最低5回その単語と出会わなければならない**と教えてくれた。一度辞書を引いただけでは足りないので、リストにして、頻繁に接することが必要だとのこと。母国語ですらそうなので、外国語として英語を学ぶ皆さんもへこたれてはいけない。「2度も辞書を引いたのに覚えられない」というのはあなたの年齢のせいではない。ネイティブスピーカーだって、新しい単語は、2度辞書を引いた程度では覚えられないのだ。

◆「年だから……」を理由にする日本人

もう一つ感じるのは、語学習得に限らず、日本人はよく、「年を取っている」ということを理由に新しい物事への挑戦をギブアップしていることが多いのでは、ということ。こういうふうに言い続けていると、やる気も少しずつ消えていってしまうのではないか。逆に、楽観的に、「頑張ればできるはず！」と言いきかせていれば、あなたの努力は実を結ぶだろう。意識は実現されるものなのだ。

2001年の2月まで在日米国商工会議所の幹部として働いていたマウリ・グラルネック氏の例を挙げよう。彼の奥さんがパリに転

COLUMN

勤になったため、ご夫婦は共にパリへ引っ越すことになった。奥さんより年上のグラルネック氏（60歳以上なのは確かだ）はこれを機に退職し、長年の夢であったフランスの有名な料理学校、ル・コルドン・ブルーで勉強することにした。ところが彼は、フランス語はまったく話せないという。しかし、学期が始まるまで半年、フランス語を集中的に勉強するから問題ないとのこと。自信に満ちた彼の言葉を聞いていると、彼だったらきっとやれる、と思えるのだった。「年だから……」といった言葉は彼の口からは聞かれなかった（現在彼は、フランス語をマスターして、料理の勉強を楽しんでいるそうだ）。

もう一つの例として、わが社の日本支店で講師をしているアメリカ出身のケルトン・ボイヤーから聞いた話がある。彼は長野県塩尻市のとある英語学校を経営している。その学校の試みとして、松本市熟年体育大学と協力し、60歳以上を対象に英語のクラスを開講したところ、地域の高齢者から高い関心が寄せられた。

ボイヤーによると、「外国語を習得できるかどうかを決める要因はさまざまであり、（年齢のような）一つの要因によるものではない。大切なのは、学習者が学びたいという姿勢を持ち、自分のニーズに合った教育によって向上心を持つということ。高齢者の学生は、"今さら英語なんて……"と当初は思っていたかもしれませんが、英語で意思の疎通ができた時の彼らの喜びの表情は、実に印象的です」。この高齢者向け英語教室の成功は、どんな年齢からでも英語を習得できる証拠だと言える。長野県のご高齢者がチャレンジしているなら、それほど年をとっていないあなたにもできるのではないだろうか。

実践チェックリスト

◎ 英語の勉強に集中できるように、できるだけ他の責任を少なくする。

◎ 英語の勉強をあなたの忙しいスケジュールにうまく繰り込む。例えば、電車に乗っている時間などの細切れ時間を使って。あるいは、他の活動と一緒に行う──例えば、子供と一緒に英語を勉強すれば、子供との時間も増え、英語も上達するので一挙両得だ。

◎ 英語をレベルアップしようとしている時、他の大きな目標（例えば10キロ減量するなど）を同時に達成しようとしない。しばらく英語の上達だけに集中する。

◎ 初出の単語を必ずノートに書いて、それを頻繁に見る。

◎ negative self-talk（私にはできないと言うこと）をやめる。

◎ 英語を上達した将来のあなたのイメージをしっかりと頭の中に描き、それを目指して前向きな態度を持つ。

第7話

従業員の給与設定で困ったときに

米国での給与と肩書は比例関係にある

Q 従業員を採用する際には、本人が納得できる範囲の適切な給与を定め、毎年、定期昇給も行っている。しかし、このやり方を続けていると、数年後には給与額が適切であるかどうかがわからなくなる。また、会社の給与体系 (pay scale) で一定の限界に達し、これ以上の昇給ができない現地マネージャーもいて、日本の本社側からは「十分払っているじゃないか」という声も出ている。どうしたらいいのだろうか。

★年齢と給与額は比例しない

在米日系企業ではこのような問題が少なくない。長く働いてきたアメリカ人従業員は会社内での重要度も増し、昇給について期待を持つようになってきているはずだ。日本では、給与を設定する上で従業員の勤続年数 (number of years employed by the company) を重視する場合が多いようだが、結論から言えばこの場合は、日系企業は米国式の給与の設定方法を用いるのがよいだろう。

在米日系企業を相手にコンサルティングをする際よく聞かれるのが、「米国では○歳の人の平均給与はどのくらいですか」という質問。日本ではそのような統計結果が出ていて、会社の人事部でよく使われているようだ。しかし、米国では年齢ベースで給与が計算さ

れるケースはまれである。したがってもし年齢給の統計があったとしても、米国では年齢より個人の業績の方が重要な基準となるため、あまり意味がない。なお、アメリカでは給料を決める際、年齢に基づくデータを利用すると年齢差別となり、法律違反である。

　また、アメリカ人にとって、**肩書（title）と仕事内容（job contents）は給与と密接な結びつきを持つ**。日本では、肩書は同じだが仕事内容が全然違う、または給与は違うが仕事内容は同じ、などということが珍しくない。しかし、その感覚はアメリカでは通用しない。例えば、ある日系企業がアメリカ人従業員を昇進させた時のこと。肩書は変わったものの実際の仕事内容は変わらなかったので、従業員は「責任が変わらないと昇格しても意味がない。会社は私をばかにしているのか」と文句を言ったという。

　またある日系企業では、秘書として入社したある女性が、上司にその能力を買われ、次々に難しい仕事を与えられるようになった。二年後には、仕事内容が秘書ではなくアナリストのものになったため、彼女が上司に、「仕事内容に幅がでてきたのはとてもうれしい。しかし、私の肩書も給料もまだ秘書のままなので、見直していただきたい」と訴えたという。

★同業他社の給料額に常に敏感であれ

　米国では、従業員は絶えず他社の待遇を意識している。だからといっていつも転職（changing jobs）を考えているというわけではないが、自分の会社が出している給与が他社より高い

か低いか、公平かどうかはいつも意識しているのだ。

　ある日系メーカーで働くアメリカ人技術者が、近くの工場で同じような仕事をしている技術者に尋ねたところ、自分よりはるかに高い給与をもらっていることがわかった。彼は、数年間同じ会社で働いてきたので忠誠心も芽生え、簡単に他社に移りたくはないが、一家の稼ぎ頭としての義務も感じていた。「別の会社に移れば給料をもっともらえるのに、今の会社にとどまるのは家族に対して無責任だろうか」と、ジレンマに陥ったという。会社側は、従業員の定着を図るためにも、従業員がこのような苦しい選択をしなくてもいいように、十分配慮すべきである。

★職務内容記述書を作ろう

　上記のような問題を生じさせないよう、定期的に労働市場レートとの比較調査を行うとよい。**最初のステップは、各ポストの「職務内容記述書」（job description）を用意することである。職務内容記述書の目的は、従業員が実際に担当している仕事内容を明確にすることである。**これが、他社と給料を比較する際の不可欠な材料にもなる。

　各ポストの職務内容記述書を用意したら、次は市場との比較である。複数の機関やコンサルティング会社から出されている給与統計レポート（salary surveys）と比較すれば、自社の給与の位置づけができる。この分析の際、会社の職務内容記述書と統計とを見合うようにするのがいちばん難しい。どの会社にも特徴があるので、各会社における職務の種類と統計が多少異

なるのは当然である。経験豊かな専門家に判断を任せるのが望ましいだろう。

★基本給とボーナスをうまく使い分ける

　各ポストの市場レート比較の結果を基準にして、給与システムを調整しよう。一般的に言えば、市場よりかなり給与が低いなら、市場レベルに近づけるようアップさせ、逆に高いのであればとりあえずあまり上げなくてもよい。市場と見合っているなら、労働市場全体の上昇率を考慮した平均的な昇給で十分である（このデータは毎年公表されており、新聞などに掲載される。2004年は平均上昇率約3.6パーセントと予想されている）。もちろん、これらは慎重な検討を重ねた上で実施する必要がある。実際のデータと分析に基づいていれば、会社は適切な給与を設定できるだろう。

　従業員の業績を認める方法として最も頻繁に使われるのは基本給のアップだ。過去一年間の成績を基に昇給額を決める。ただし基本給を定期的に引き上げると、その職務に対する従業員の給料が高くなりすぎる危険性がある。したがって毎年自動的に大きく昇給するという仕組みは作らないほうがよい。また、実績に見合った報酬も大切である。これはさまざまな形態をとり得るが、個人の成績を反映する功労ボーナス（merit bonus）と、グループの成績を反映するインセンティブ・プラン（incentive plan）に大きく分けられる。

・功労ボーナス
功労ボーナスは年に一度だけ支払う報酬だ。継続的でない業績

に対するものなので、基本給に足すのでなく、特別賞与（ボーナス）として支払う。従業員の業績を見て金額を決めるが、よい業績には高額を支払い、非常に劣っていればまったく払わなくていい。このような制度は目標達成を促し、企業にとっても、基本給の定期的昇給とは違って固定費にならない。

功労ボーナスを利用すると、基本給については従業員の昇格や責任の拡大に際してのみ上げればよくなる。しかしもちろん、競争性を保つため二、三年ごとに市場レートと比較する必要はある。

・インセンティブ・プラン
会社全体の目標が達成された時、インセンティブ・プランによって従業員（特にマネージャー）に対し報酬が与えられる。インセンティブの金額は、会社あるいは部門の実績に基づく利益、収入、投資収益などを基準に決められる。例えば、「会社の利益が200万ドルを超えたら、全従業員にインセンティブを支払う」(An incentive will be paid to all employees if the company's profits exceed $2 million.)、「モーター事業部の売り上げが1500万ドルを超えたら、同部の管理者にインセンティブを支払う」(If the sales of the motor division exceed $1.5 billion, an incentive will be paid to managers of that division.) などと従業員に知らせる。

正式なインセンティブ・プランは、このように、どんな状況でどのくらいの金額が払われるかをはっきりと定義するものだ。これは目標達成の内容をはっきりさせ、会社活性化の有効な道具ともな

る。また従業員が会社の事業成功に直接関与することになるので忠誠心も強まる。

　米国企業および在米欧州企業に比べ、在米日系企業のインセンティブ報酬の利用度は低い。優秀なアメリカ人マネージャーを引き寄せ、定着させるにはこれは不利である。**日系企業が提示する基本給は他国企業と十分競えるが、インセンティブ報酬がまったくないかごく少額であるため、総支給額が劣ってしまう。**参考までに言うと、米国の企業ではインセンティブが管理職の総支給額の50パーセントを占めることもまれではない。

★大切なのはしっかりした実績評価制度

　実績と結びついた報酬は、自分の成績が直接報われるという点で、セールスマンのコミッションと同じである。しかし、セールスマンのコミッションが売り上げのパーセンテージで定められるため簡単に計算できるのに対し、あいまいな部分が多い日系企業の従業員の報酬設定はもっと複雑だ。

　このためしっかりとした実績評価制度（詳しくは第3章第2話を参照）が不可欠となる。職務ごとに目標を設定し、それを報酬と結びつける。それにより何をすればよいか、どんな業務に力を入れるべきか、どんな分野を優先すべきかが明らかになり、会社が何を期待しているかが従業員に伝わる。

　このような制度下で毎年あるいは毎期、各人の成績を分析する。目標が達成されたら制度に定義されているボーナスやインセンティブは支払われるが、達成しないと支払われない。日本

国内でも個人の実績と報酬を結びつける制度が最近取り入れられてきているようだが、日系企業の米国支社は、設立当時に親会社の人事管理法を導入した後、その調整を怠ったために、「古い日本式経営の博物館」になっている危険性があるので気をつけたい。

第3章 アメリカ人も日本人もハッピーになれる人事管理法

第8話

昇給を求める従業員への対応

こんな要求にいちいち応えてはいけない！

Q あるアメリカ人従業員が日本人上司に、他社では自分と同じ職務により高い給料を払っているので、そこへの転職を考えていると報告した。何か会社に対する不満があるのかと聞いてみたところ、「そんなことはない。ただ給料をもっともらいたいだけだ」と言う。この従業員は仕事もよくでき、会社としても必要な人材である。こんな場合、どう対応すればよいだろうか。

★自社の給与制度のチェックは忘れずに

まず言えるのは、こんな要求にいちいち応え、昇給させてはいけないということ。一度そういった前例を作ると、図に乗る社員が次々と出てくる。よい従業員を確保したいなら、昇給をするよりもその従業員にポジティブ・フィードバック（褒め言葉や感謝の伝達）をするのがよい。そうすることで、会社がその人の仕事を評価していると伝えられる。

例えば、「あなたはとてもよい仕事をしてくれています。もしあなたが辞めたら、われわれは非常に困ります」（We think that **you have been doing a good job** here. We would **be very disappointed** if you left us.）などと言うのもよい。その後は、上司の方からは他社への転職の話題を出さない方がよいだ

ろう。一般にアメリカ人は、転職はプライベートなことであって、会社が知るべきではないと考えているからだ。

他の仕事を探しているというだけですぐ昇給させてはいけないが、他社に比べて給与が低いという苦情があれば、無視するのではなく、それが確かかどうかを早めに調べる必要がある。自社の給与が市場レートを本当に下回っているかどうか確認するのだ。前項で説明した給与統計レポートを参照し、苦情を言った従業員の給与額が実際に市場レートより低く、他社との競争力に欠けているのであれば、次回の定期的昇給の時に調整し、ギャップをなくすとよい。

ここで重要なのは、そうした給与額の調整は、次回の定期昇給時まで待つということである（通常、米国の会社は昇給を年一回行う）。もし決まった時期以外に給料を調整すれば、好ましくない前例を作ってしまう危険性が高い。そうなったら、給与に関する会社の方針が乱れ、従業員は会社のことを、頼めばお金が引き出せるATM（自動支払い機）のように考え出すかもしれない。

公平さに関しても考慮すべきである。前述のケースのもう一つの危険性は、もし「辞める」と脅迫する従業員の昇給を許せば、要求しない従業員に対し不公平になるからだ。ある職務の給与を上げると決めたら、その職務だけではなく、すべての職務の給与を市場レートと比べてチェックする必要がある。

なお、給与に関する文句が出るまで行動に出ない、というのはよくない。会社の各職務の給料を定期的に（できれば年一回、

少なくとも二、三年ごとに一回）市場レートと比べて競争力を保つように調整することが望ましい。そうしておけば、給料に関する文句が出た時、「当社の報酬は競争力が十分にあると信じている」（We believe that our compensation **is competitive with** other companies.）と答えられる。

★アメリカ人は単なるアシスタントではない

　前述のケースの場合、この従業員は他社との面接を上司に打ち明けたが、別の従業員は密かに他の仕事を物色しているかもしれない。しかし、他社からのオファーがあってもすぐに転職するとは限らない。話だけで終わる可能性もあるのだ。従業員が他の仕事を探しているかどうかを心配することはエネルギーのむだである。それよりもむしろ、従業員が定着したくなる魅力的な会社を作ることに専念する方がよい。報酬とベネフィットを他社に負けないものにし、職務内容を充実させて、従業員が成長しながら昇進できる構造を作ることだ。また、人間関係や働く環境を改善することなども、従業員定着に効果的な方法である。

　「他社に移るかもしれない」と言われた日本人上司は非常にがっかりしただろう。裏切られたように感じたかもしれない。このケースに限らず、「アメリカ人従業員はいつ辞めるかわからないので、情報を共有したり、よい人間関係を築いたりする必要はない。もし辞められたらその努力はむだになってしまうから」と考える日本人管理職は多いだろう。そういった気持ちを抱えていると、アメリカ人につかず離れずの態度で接してしまい、彼らをチームの一員ではなく、「助っ人」として扱ってしまいがちだ。日系企業を辞めたアメリカ人と話すと、退職の理由として頻繁に挙げ

られるのが、「本当の社員としてではなく、単なるアシスタントとして扱われたから」である。

★皆が転職したがっているのか？

　アメリカ人の流動性を誤解するのは危険だ。統計だけを見れば、アメリカ人は皆 job hopper（職を転々とする人）のように見えるかもしれないが、近年のリストラやダウンサイジングで解雇され、やむを得ず転職する場合も多い。そういう人はジョブホッパーではなく、むしろ企業の犠牲者であろう。このような環境の中で、多くのアメリカ人は安定した仕事を提供する企業を求めている。日本の終身雇用制度は米国でも広く知られており、その点で日系企業の評判はよい。

　わずかな給料の差のため会社を変えるアメリカ人もいるが、皆が皆、そうだというわけではない。従業員が働いてこそ会社が成り立つという前提で経営するのが最も望ましい。固定観念にとらわれず、アメリカ人従業員に対して心を開けば、長く働きたくなる会社環境を作れる。また、金銭的な報酬だけではなく「精神的な報酬」（詳細は第1章第3話を参照）も充実させることが、従業員の定着を図るのに重要である。

第3章 アメリカ人も日本人もハッピーになれる人事管理法

第9話

会社でセミナー代を払うべきか？
個人負担と会社負担との線引きを明確に

Q アメリカ人従業員が、雑誌を片手に日本人マネージャーのところに来て、「先日、時間の管理の仕方を改善する必要があると注意を受けましたが、ちょうどそのトピックに関するセミナーが行われる（A seminar on exactly that topic is going to be held.）ことを知りました。出席したいのですが、250ドルのセミナー代を会社で出していただけませんか」と言う。確かに、その従業員の仕事の能率が悪かったので注意はしたのだが、予算の余裕もないし、困ってしまった。

★会社のためのセミナー代をなぜ個人が払う？

　セミナーなどの自己能力向上のための費用に関して、日米では意識の違いが見られる。日本では個人のスキルアップのためのセミナー参加の費用は、必ずしも会社が払う必要はないとされている。特に従業員が上記のようなセミナーに参加するとなると、自分で負担するのは当然だろう。一方、米国では、セミナーの参加は会社のためになるという考えが強く、セミナー代を払うのは会社、という意識がある。特に会社の方から従業員の欠点改善を求めている場合は、セミナー代を出してでも従業員の努力をサポートすべきだと思われている。

　また、日本の銀行で働くアメリカ人の女性は「セミナーに参

加したいと上司に頼むと、いつも答えはノーです。しかし、一緒に働いている日本人男性については、アメリカの一流大学でMBAをとれるように会社が授業料と二年間の生活費を全額負担するのです。矛盾していると思いませんか？ 日本人社員には投資するのに私たちには投資しないのですね」と言う。

これに対し、日系企業からは「アメリカ人はすぐ辞めるから彼らのトレーニングの費用を出しても見返りがない」といった反論をよく聞く。しかし、ここで考慮する必要があるのは、なぜアメリカ人が会社を辞めるのかということだ。もちろん、より高い給料を求めて転職する人もいるが、今いる会社の給料がよくても自分の努力が認められないのであれば、あるいは会社が自分のことを重要と考えていないと感じたら、やはり転職を考えるだろう。「すぐ辞めるから」といった雰囲気を上司が見せれば、従業員もそれに気づいて辞めたくなる、という悪循環が生まれるわけだ。

★何でもかんでも払う必要はない

とは言っても、従業員のセミナー代支払いの申請に対していつもOKを出すべきではない。何に対して払うかを決めるのが大切だ。ケース・バイ・ケースで決めるのも可能ではあるが、危険を伴う。A部の担当マネージャーはセミナー代の申請に気前よくイエスと言うが、隣のB部の担当マネージャーはほとんどノーだ ── これでは従業員のやる気を損なう。また、あるマネージャーは男性従業員のセミナー費用申請は承認するが、女性従業員の申請は予算の制限があるからだめだと言う ── これは性差別の対象となる。

このようなことからも、セミナー費用に関する方針を決めるのが有効な対策と言える。**例えば従業員一人当たりの社外勉強の予算を一年ごとに決める。そうすると従業員はどのくらい申請できるのか事前にわかる。たくさんのセミナーに参加してその年の予算をすべて使ってしまってから他のセミナーに参加したい場合は、自分で費用を払うことになる。**こういった「セミナー費用専用予算」(special funds to be used only for seminars) を決めれば、従業員はむやみにセミナーに参加することがなくなるだろう。金額を決める際に重要なのは、従業員とマネージャーの各階級に、それぞれ決まった金額を割り当てること。また、秘書などにスキル向上のための社外セミナーに参加してもらうのもよい。

★教育は福利厚生の一つ

米国では、社員教育は福利厚生の一つという考えが強い。従業員に多くの教育を提供すれば彼らの満足度を高めることができるし、それにより彼らの能力もレベルアップするので、会社にとってよい投資にもなる。社内に経験豊富なトレーニングの担当者を置いて、トレーニング・セミナーを行うのもよい。もちろん、社内でできないのなら社外のコンサルタントを呼んで、社内セミナーを行ってもらうことも可能である。米国の企業の多くで実行されているが、一般の日系企業でこうした体系的なトレーニング・プログラムを実施しているところは少ない。

従業員の大学受講を補助するのも、一つの教育奨励方法である。従業員は、夜間のコミュニティーカレッジや大学、大学院のクラスをとり、会社は授業料の全額か一部を払う。従業員にきちんと勉強させるため、補助金の金額と成績を結びつける会

社も多い。つまり、Ａランクの成績をとったら補助は90パーセント、Ｂなら75パーセント、Ｃは60パーセントといった制度を設けるのだ。また、日本の本社に一カ月以上の研修に送り込むのも有効な教育奨励方法である。

　このような補助金制度で、従業員一人当たりの投資金額が大きくなると、その従業員が辞めた場合は、会社の損失も大きくなる。その対策として、補助に条件をつけている会社もある。大学の授業料の補助を受けたら、その後決められた期間（通常二年間）は会社に残る義務を課す。その期間を終える前に辞めたら補助金の全額あるいは一部を会社に返還させるのだ。後でトラブルにならないように、従業員手引きにそのルールを盛り込んだり、あるいは従業員が補助を受けた時点で、そのための契約書にサインをもらったりすることも大切だ。

第3章 アメリカ人も日本人もハッピーになれる人事管理法

第10話
従業員が組合を作ろうとしているのだが…

職場での協調性のなさが第一の原因

Q ある在米日系メーカーの日本人管理職に新しい悩みが生じた。「従業員が組合(union)を作るといううわさを聞いた。当社に組合は必要ないと思っていたので、従業員がそんなことを考えているとは驚きである。なぜ組合の話など出たのだろう。従業員にとって、組合に入るメリットは何だろうか。会社は今までの方針を変える必要があるのだろうか」。

★組合がどうして必要なのか考えてみると……

最近米国では、組合化奨励活動が強化されている(unionization efforts)。全国的に組合のメンバー数が減っているため、生き残り対策であるとも言えるだろう。在米日系メーカーの多くは組合を持たないため、メンバー数を増やしたい米国組合にとって格好のターゲットとなる。従業員のニーズに応じた、安全かつ公平な労働環境を提供している会社であれば、組合は必要ないはずだ。しかし、組合問題を「うちには関係ない」と思ってはいけない。

20世紀初頭、米国は急激に産業化していった。危険で厳しい職場環境の下、会社の従業員をこき使うことに反対するために「組合」が生まれた。したがって「組合」には「会社」や「経営者」は敵であるという考えが強い。組合のおかげで従業員の権

利に関する意識が高まり、工場の環境が改善されてきた。また組合運動指導者の考え方が米国の法律に影響を与え、従業員の安全と権利を守るための法律が数多く導入されてきた。しかし一方で最近は、組合の規則に柔軟性がなく、従業員を有効に活用できないため、組合結成を阻もうとする企業も増えてきた。

従業員が組合を歓迎する場合、それは解決されていない不満を持っているからだ。「会社は今の状態ではわれわれの話を聞かないが、組合があれば聞かざるを得ないだろう」と思い、組合を従業員の代表にしようという期待があるのだ。裏を返せば、従業員とのコミュニケーションを増やし、雰囲気のよい職場を作ることで組合の結成は防止できる。つまり、人事管理に力を注ぐのが最も効果的な対策なのである。

★すばやく反応することが大切

組合を作らせないためには、他社と比べて競争力の高い給与とベネフィットの提供、しっかりした安全対策、セクシュアル・ハラスメントなどの差別のない職場を作るための努力が大切だ。

従業員が最も必要としているのは responsiveness（すぐ対応すること）である。つまり従業員の苦情や悩みに対して会社が聞く耳を持ち、対応する（respond）ことである。例えば投書箱（suggestion box）を設けたり、社長や経営者と従業員が話す機会（open door policy）や、職場環境に対する従業員へのアンケート調査（employee attitude survey）、退社する人からの問題点の聞き取り（exit interviews）、苦情申し立て制度（grievance procedure）などを利用するとよい。

また、組合化問題を解消するために、従業員の不満に対して会社は早急に具体的な対応策を講じる必要がある。「早急」とは長くても半年以内であるが、早ければなおよい（日本人と比べてアメリカ人は時間を短く見る傾向がある）。responsive（反応が早い、敏感）であるためには、回答を長引かせてはいけない。「具体的」とは従業員に見える形での実質的な変化である。方針・規則の導入や変更、新しい設備や仕事のやり方、あるいは好ましくない行為の禁止などは可能であろう。従業員の意見を改善の材料として積極的に利用することが大切なのだ。

アメリカ人従業員が最もいやがるのは「わかったが、変えるのは難しい」、「日本ではいつもこうしているからあまり変えたくない」といった消極的な返事である。正当な不満があっても会社が動かなかったら、組合を通す、あるいは離職するという手段を選ぶ場合もある。会社が動こうとしない場合、アメリカ人がよく言うのは I don't have to put up with this!（こんな扱いをがまんしなければならない筋合いはない）というせりふだ。日本人は不満を持っていてもがまんしがちだが、アメリカ人は行動した方がいいと思っている。従業員とよい関係を作るためには、日本人駐在員は現地の状況やアメリカ人の考え方に順応する必要がある。自分が慣れ親しんできた方法以外にも、道はあるということを忘れてはいけない。

★「冷たい関係」を作らない

人事担当者は従業員との接点となる重要な存在である。人事の経験があり、従業員のニーズを幹部に伝えられるアメリカ人を雇うことが大切だ。米国の優れた人事担当者は、現場を頻繁に回って一

般従業員の悩みを聞き、幹部に伝える習慣がある。彼らは問題意識が高く、潜在的な問題にも解決策を提案する。

　私は在米日系企業の経営コンサルタントとしてさまざまな会社と接触する機会があるが、従業員との関係がうまくいかない会社では、人事担当者がきちんとその役目を果たしていないことが多い。もしくは人事担当者が幹部に問題を伝えても、幹部が耳を貸さない。担当者はフラストレーションを感じて絶望し、提案しなくなるか会社を辞めてしまう。

　組合ができやすい会社の特徴として、**管理職同士の協調性のなさも挙げられる**。特に日本人とアメリカ人の管理職の考え方が合わず、管理職以下の従業員に対しての指導がまちまちであれば混乱を招く。管理職同士が、お互いに自分たちのやり方を押し通してしまうと、従業員の尊敬と信頼を失ってしまう。両親がけんかをすると子供に悪影響を与えてしまうのと同様に、会社でトップの間に不和があれば、従業員はそれをすぐ感じ、会社より組合に頼った方がよいと思うようになってしまう。

　次に、**日本人従業員とアメリカ人従業員の関係が親密でないという特徴も挙げられる**。親しいつきあいもなく、職場での世間話も聞かれず、お互いを仲間として感じることができない。こうなると、アメリカ人従業員は、組合を作ろうとしているアメリカ人の主張する反日論に乗せられやすくなる。

　結局、最も重要なのは会社の態度であろう。問題を迅速に解決して、従業員のためによい職場を提供できるよう努力すれば、

従業員はそれを感じて評価する。それが組合結成を予防する第一歩である。

第11話

障害や病気を持つ従業員の処遇

健康な社員と同じ扱いを心がけるよう

Q あるアメリカ人従業員が、日本人上司に報告してきた。「早めに知らせた方がいいと思って。実は、最近ちょっと疲れ気味だったので医者へ行ったところ、ガンを宣告されました。仕事は続けられるが、今後治療のために出社できない日があるかもしれないのです」。上司としては部下の体をまず第一に気遣うだろう。だが、その部下が出社できないとき、誰に仕事をカバーさせるかも考えなければならない。

病気になった従業員の処遇について言及した米国の主な法律は、「米国障害者法」と「育児介護休業法」である。これらに反すると訴えられたり、マスコミで大きく取り上げられたりする可能性があるのは言うまでもない。

★米国障害者法（ADA）

米国では公民権法（civil rights laws）によって、性別、人種、宗教、出身国、年齢、妊娠状態の有無を理由に雇用条件や待遇を決めたり変えたりすることが禁じられている。これに加え、92年に米国障害者法が導入され、身体障害と精神障害を理由とする待遇の差別も禁じられるようになった。「身体障害と精神障害」の定義は広く、盲目（blindness, vision impairment）、ろうあ（deafness, hearing impairment）、身体まひ

(paralysis)、ガン（cancer）、HIV 感染（HIV-positive status）、AIDS 発症（manifestation of AIDS）、アルコール／麻薬中毒（alcohol/drug addiction）、精神薄弱（impaired mental abilities）、精神病（mental illness）、学習障害（learning disability）などを含む。

　これらの病気、障害を持つ人の雇用、昇進、解雇、報酬、福利厚生、職務割り当てなどを、病気や障害を理由に決定することはできない。例えばある従業員を、欠勤が多いことを理由に解雇する場合、欠勤理由が病気であれば、問題が発生する可能性が高いということだ。基本的な職務をこなせる人間を、病気を理由に不採用とするのも許されない。例えば米国三菱自動車製造は、身体障害者の採用を否定したため訴訟を起こされ、98年9月に300万ドルを払って和解している。

　米国障害者法は、基本的職務をこなせる人に対して、職務遂行の妨げとなる障害を取り除く適切な措置（reasonable accommodation）をとるよう、雇用者に義務づけている。例えば、目の不自由な従業員のためには音声の出る特殊コンピューターや、点字キーボードを会社が導入する、といったことが望まれる。ただしどういった措置をとるかについては、ケース・バイ・ケースの判断が必要なので、弁護士に相談をした方がいい。

★育児介護休業法（FMLA）

　育児介護休業法の制定で、従業員の療養、あるいは家族の看護のために無給休暇（unpaid leave）を与えることが、雇用者に義務づけられた。無給休暇から戻った従業員が元の職務に復

帰する権利も保証されている。無給休暇はまとまった休職の形でも、あるいは必要に応じた単発の休暇の形でもよいことになっている。病気療養（medical treatment）が必要な社員に無給休暇を認める場合も、弁護士に相談するとよい。

★EEOC に訴えられた日系企業のケース

98年3月、病気の従業員の扱いをめぐって日系企業が起こした問題が、『シカゴ・トリビューン』紙の第一面で大きく報道された。HIV に感染した従業員を差別したとして、シカゴ郊外にある日系運送会社が、連邦政府機関である米国雇用機会均等委員会（EEOC）から提訴されたのだ。EEOC によれば、被害を受けた従業員は次のような扱いを受けたという。

・従来の職務から外され、新しく作られた「特別プロジェクト」部のたった一人のメンバーになった。意義ある仕事は何も与えられず、会社の組織からまったく隔離され、典型的な「窓際族」扱いを受けた。
・他の従業員に対し、彼に話しかけないようにとの指示が出された。この結果、他の従業員から完全に避けられ、近づくだけでウイルスが感染するかのような態度をとられた。
・手術を受けた後、顔の筋肉の動きが多少不自由になり、体重も大幅に減少した。こうした外見の変化について「問題がある」と上司に言われた。
・「余命はあとどのくらいなのか」といった、心ないコメントを受けた。

これに対し、会社側の弁護士は「差別はなかった」と述べて

いたが、最終的にこの訴訟は98年7月、会社側が従業員に16万ドルの和解金を支払うことで決着をみた。このケースからわかるのは、障害者や病気療養の必要な人に対する待遇改善に向け、EEOCが積極的に取り組んでいるということだ。EEOCには多くの苦情が寄せられるが、予算が限られているため、すべてを法廷に持ち込むわけではない。どの件に時間と費用を使うか吟味した上で、大きな意味を持ちうる案件を選ぶのだ。この日系企業が提訴されたのは、EEOCが障害者と病気の社員の処遇に着目している証しと言えよう。

また同運送会社は、マスコミにたたかれたという事実からくるマイナスイメージを簡単にはぬぐえないだろう。一般市民は、「火のないところに煙はたたない」（Where there's smoke, there's fire.）と思うだろうし、会社が何と言おうと、人は弱者に同情するはずだ。提訴された時点で、会社はすでに大きな打撃を被っているのだ。

★健常者と同じ扱いを

障害を持つ従業員、病気を患う従業員の処遇について、次のことを確認してほしい。

・たとえ病気を持っていても、基本的に職務を遂行できるのであれば、その従業員は仕事をする権利を持つ。本人の同意を得ずして、病気を理由に「窓際族」扱いしたりすることは許されない。
・障害あるいは病気を持つ人を避けたり、失礼な発言をしたり冗談を言うことがないよう、すべての従業員に周知徹底する。

・従業員の職務遂行能力が低下した場合、仕事の量や内容の調整が必要であれば、本人と一対一で相談した上で、他の従業員も含めた全員が納得できる対策を講じる。その従業員がFMLAで規定された無給休暇をとる場合、必要があれば、臨時パートを雇うか、社員同士で仕事をやりくりして調整する。どんな対策が適切か、弁護士のアドバイスを受けるとよい。
・病気になった従業員は、担当職務の内容と進め方を他の従業員に教えておく必要がある。もし治療や療養のために出勤できなくなっても、その社員が必要な仕事をカバーできるからだ。

病気の従業員への処置は、本人だけでなく、全従業員に影響を与えるということを覚えておいてほしい。「もし私が病気になったら、あのような心ない扱いを受けるのか」というような思いを抱かせてしまうと、従業員の士気が低下するのは必至だからだ。**重病を患う人にとって、会社で働くということは、生活の「正常性」や「連続性」の象徴で、精神的に非常に重要な意味を持つ。**その気持ちの支えを打ち砕いたり、取り上げてしまったりすることは、その人の人生への大きな打撃となりかねない。人道的見地からも、会社は、障害を持つ従業員や病気を患っている従業員を、一人の健常者、あるいはまったく健康な従業員同様に扱うことが重要だ。

COLUMN

危険な橋をドンドン渡れ！

　米国では連邦政府から義務付けられていないため、外国語教育は非常に不熱心だ。学校によって何の言語をいつ学ぶかが違うし、その教育法も効果的とは言えない。そのため、ほとんどのアメリカ人は外国語ができない。「何か外国語が話せますか？」と聞けば、「高校で2年間スペイン語を一応勉強したが、何も覚えてません」などと答える人が多いだろう。

　自分の国にそういった事情があるので、日本の英語教育制度を批判するのはおかしいとは思う。しかしやはり多くの日本人は英語に対してノイローゼ気味で、その根本は学校における英語の教え方にあるような気がする。

　日本の教育制度では「入学試験」は大切な役割を持ち、試験に合格するためには、できるだけ正しい英語を身につけなければならない。そのため、多くの日本人は、英語を使う度に、発音や文法が完ぺきでなければならないと緊張してしまう。これは決してよいことではない。

　その結果、無言になってしまう人も多いだろう。間違った言い方をすることで、何か変なことを言ってしまう、誤解を招いてしまう、トラブルになってしまう、相手を侮辱してしまう、——という事態が起こるのではないかと心配するからだ。しかし、日本人と外国人の実際の会話を聞いていると、間違った表現によって問題を起こすというよりも、**何かを言えばよかったのに何も言わなかったので問題が起きたというケース**の方がはるかに多いと思われる。

COLUMN

　日本では、あまり話さない人は、物静かなだけだ、恥ずかしがり屋なだけだ、というように特に悪い評価を受けることはない。しかし外国の場合、特にアメリカでは、寡黙な人は非常に悪い評価を受ける。実は私自身、高校生の頃までは物静かな子供だった（大人になって大勢の前で講演をする職業に就くなどとはまったく想像できないほどに！）。その結果、ロッシェルは冷たい、自分が周りの人より優れていると思っている、高慢だ、などと誤解を受けることが多かった。実は人に対して何を言えばよいのかがわからずに、黙っていただけだったのだが。

　つまり、**米国では発言をためらったり黙ったりするよりは、例え文法はめちゃくちゃでも話すように努力することが望ましいの**だ。相手はあなたのコミュニケーションをしようとする努力を評価するし、もし間違いをしても許されるはずだ。

◆間違いのない英語を話すのは不可能、と割り切る

　外国語でコミュニケートする際には、完ぺきであることは不可能だ。**もし外国語を上達させたいと思えば、時には馴染みの薄い言葉を使って、難しいことを表現しようとするだろう。自信の持てるフレーズや単語だけを使えば安全だが、成長にはつながらない**。つまり外国語を話す能力を伸ばすためには、自ら進んで危ない橋を渡る必要があるのだ。どういえばいいかはっきりわからないことでも表現しようとすることが必要なのだ。そうすると、時には間違った単語を使ったり、恥ずかしいことを言ってしまったり、という失敗が必ずいつか起こる。これは避けては通れない。

　もちろん、できるだけ間違いをしないようにする努力は必要だが、間違いを避けることだけに気をとられていたら、うまくコミュニケーションはできない。間違いを時々することを前提に、も

し間違えてしまったら自分を笑えばいい。相手がいやな顔をしたり苦笑したら、「Did I say something wrong?（何か変なこと言いました？）」とその場で尋ねればいいのだ。

　ある日本人顧客と英語で話しをしていたときのこと。彼の英語はとても流暢だったので、問題なく理解できていたのだが、突然、彼が会話を中断して、「さっきは "have been" と言えばよかったですね」と言うのだ。そう指摘されると、「アッ、そうだな、確かに間違いだったな」と思ったが、正直に言って、その瞬間には間違いだとは私はまったく気づかなかったのだ。もし彼がそう指摘しなければ、私は気づかないままだったに違いない。彼が自分の英語に対して要求する完ぺきさは、英語を母国語とする私よりも強かったということだ。しかもそれは、夕飯の席での世間話だったので、文法が多少あやしくても、滑らかに話せていればいいのに、と妙な感じがした。

◆ノンネイティブの間違いは許される

　英語の先生ではないかぎり、ネイティブスピーカーは日常生活の中でそれほど文法を意識していない。**常に正しい英文法で話せる英語圏の人はごくまれだ**（私が日本で勤務していた時に、同僚の日本人から英文法の間違いを指摘され、びっくりしたことは今でも新鮮に覚えている）。そして、あなたが出会う外国人の中には、英語を母国語としない人も大勢いて、彼らの英文法も完ぺきであるはずはなく、彼らがあなたの文法を判断することはありえないのだ。

　また、英語を母国語とする人の間では、ノンネイティブスピーカーの文法の間違いを気にしない傾向が強い。**ノンネイティブはネイティブと同じように話すことは期待されていないのだ**。また、

COLUMN

　そうした「普通ではない」英語を可愛いいと思う人もたくさんいる。例えば、映画などでは、フランス人のフランスなまりの英語をかっこいいとされている。映画『スター・ウォーズ』の中で、ヨーダの英語は文法的に全くでたらめだったが、それは彼が別世界から来たということを強調し、彼の「知恵豊かな先生」のイメージにはぴったりだった。

　要するに、文法は日本人が普通思っているほど大切ではないということだ。通じれば十分。完ぺきさを求める前に、どんどんしゃべろう。

実践チェックリスト

◎ 自分の英語に完ぺきさを求めない。相手とのコミュニケーションを達成することに重点を置くこと。

◎ ミスをしたら笑い飛ばそう。自分に対して厳しくし過ぎない。くよくよしないで、先に進む。一つのミスをしたことによって、あなたの英語がだめだということではないし、相手は気がついていないかもしれない。

第3章 アメリカ人も日本人もハッピーになれる人事管理法

第12話

ワーキング・マザーを戦力にする

優秀な女性社員を定着させたい企業がやるべきこと

Q アメリカ人女性社員の一人があなたの机まで来て、うれしそうな顔で妊娠を報告する。「でも働き続けたい」と言う。出産後に働き続ける女性の割合は米国ではかなり高く、米国政府の統計によると、6歳以下の子供がいる女性のうち60パーセントは現在働いている。こういった状況を踏まえ、米国で事業を行う企業は、子供を持つ女性社員への対応を考慮しなければならない。日米では法律および習慣の違いがあるため、複雑かつ微妙な問題になりがちである。在米日系企業が子供を持つ現地社員に対して負わなければならない責任とはどのようなものだろうか。

★妊娠の報告を受けたとき

米国では妊娠していることを理由に従業員を解雇することは差別であり、法律違反として訴訟の原因になりやすい。最近の判例では、妊娠した従業員をくびにしたカリフォルニアのある企業は、解雇した女性に対して270万ドルの賠償金を支払っている。

同様に、採用面接の際、女性に対して結婚あるいは出産の予定や計画を尋ねてもいけない。これはその情報に基づいて採用を決めるかもしれないという印象を相手に与えてしまうからだ。

米国の場合、原則として、家族状況（子供がいるかどうか、出産を計画しているかどうか）で雇用を決定してはいけないのだ。

★法律に定められている出産休暇（maternity leave）

　会社の法律上の責任として、従業員50人以上の企業であればFMLA（前話を参照）を遵守する義務が課せられる。出産や家族の病気などの場合、この法律によって会社は12週間ほどの無給休暇を従業員に与える義務がある。また、その休暇を利用することによって、従業員は仕事上の不利益を被ってはいけない。従業員が休暇から戻った時、同じポストあるいは雇用待遇、給料、その他の条件が同等であるポストを与えなければならない。したがって、従業員が出産休暇をとっている最中、あるいは職場復帰直後に解雇するのは危険だし、当人がどうやってうまく復職できるかを、会社は慎重に考えるべきである。また、**従業員50人以下の企業の場合、出産休暇は、病気を理由に生じるshort term disability（けが、病気を理由とした一時休職）と同じように扱わなければならない。**

　以上は法律上の最低義務であり、多くの場合、優秀な女性社員を引き寄せて定着させるために、**米国企業はこれよりメリットの大きい出産休暇制度を導入する。**会社によって詳細は違うが、可能な限り期間を長くするケースが多いようだ。

★ワーキング・マザーのための環境作り

　出産休暇から戻った後、仕事と育児のバランスをうまくとることはかなり難しい。女性従業員の負担を軽くするため、アメリカ企業はさまざまな対策をとってきた。**会社が仕事と家庭の両**

立をサポートすれば、最も能力のある女性が入社し、忠誠心を持って、会社のために一生懸命働くということが統計的に明らかになっているからだ。以下にその対策例をいくつか挙げよう。

・フレックス・タイム（**flextime**）
これは現在、日本企業でも広く導入されているが、ある設定された枠組みの中で、従業員が自分で勤務時間を選ぶ勤務形態のことだ。デイ・ケア・センターやベビーシッターの時間の調整をしなければならない、子供を持つ女性社員や、研究開発などクリエーティブな仕事をする男性社員にとってもメリットが大きい。またフレックス・タイムを利用することで通勤ラッシュを避け、通勤時間が短縮できて恩恵を受ける従業員も少なくない。正式なフレックス・タイム制度がなくても、上司が時間に融通をつける姿勢を示すのは建設的であろう。例えば、出勤が五分遅くても、従業員がその分ランチタイムを短くしたり、残業したりすれば、朝の五分の遅刻を相殺するという考え方だ。

・テレコミューティング（**Telecommuting**）
在宅勤務のこと。カスタマー・サービスやコンピューター・プログラミングなど、電話やコンピューターを利用して一人でできる職務に最も合う。完全に在宅ですませられる仕事もあるし、一週間のうち2日出社・3日自宅などのように振り分けた方がよい仕事もある。その職務が何を必要とするかによっていろいろなやり方が可能だ。

　米国でこの勤務形態が注目されたのは、93年の南カリフォルニア地震後のロサンゼルスにおいてであった。地震の直後、高

速道路に亀裂が入ったり崩壊したりしたため、車での通勤に3時間以上かかる人が少なくなかった。臨時的に多くの企業がテレコミューティング制度を導入したところ、これが案外うまくいき、地震復旧後もこの勤務制度を続ける会社がかなりあったようだ。

　日本の場合、伝統的に、仕事は会社でするものであって、家はリラックスする場所だと考えられている。やらなければならない仕事があれば、それが終わるまで会社に残るのは普通だ。対照的に米国の場合はパソコンの普及とあいまって「持ち帰り残業」（bringing work home from the office）が多い。「テレコミューティング」は、この「持ち帰り残業」と似た発想からきている。**この「目に見えない仕事」を評価するために、会社は従業員の労働時間ではなく、仕事の量と質、つまり仕事の結果に重点を置いて評価しなければならない。**

・パートタイム勤務（**part time job**）
「仕事はしたいが子供との時間も十分とりたい」という母親にとって、パートタイム勤務は理想である（ちなみに米国で言う「パートタイム」は日本の「臨時」という意味ではなく、「一週間に40時間以下の勤務」の意味）。最近米国では、事務職（clerical staff）だけでなく、プロフェッショナルな専門職（professional positions）に就く女性もパートタイムで働くようになった。

・ジョブシェアリング（**job sharing**）
パートタイムで働きたいが、そのポストはフルタイム分の仕事量があるという場合は、ジョブシェアリングが適切な対策であ

る。従業員二人が一つのポストの仕事を等分し、それぞれ20時間勤務する。一人は朝、一人は午後、あるいは一人は月、火と水曜日の朝、もう一人は水曜日の午後、木と金曜日勤務、などの方法がある。当の二人の間できちんと取り決めがなされていれば、とてもうまくいくケースが多い。大手化学企業のデュポン社にはジョブシェアリングをしたい従業員を組み合わせる（match up）プログラムまである。

・圧縮された労働日程（**compressed work weeks**）
一週間の勤務を三、四日に圧縮すること。パートタイムと似たメリットがありながら、総勤務時間はフルタイムなので給料は減らない。最近のアンケート調査によると、働くアメリカ人の三分の二が、普通の週五日×8時間の労働より、週四日×10時間労働を好むのだそうだ。実際、米国の大企業の四分の一は現在、従業員に対して、部分的に週四日の労働日程を提供している。会社にとってもこの圧縮された労働日程はメリットがある。従業員が遅くまで働くと、顧客への夜間のサービスを向上させられるからだ。通院などの私用は五日目にすませられるので、従業員の欠勤も少なくなるのである。

★デイ・ケア・センターを作ろう！

　子供を預ける場所がないと出勤できない母親にとって、デイ・ケア・センター（day care center＝託児所）は最も重要な設備である。米国企業は、彼女らを援助するため、デイ・ケア関連のベネフィットを導入してきた。以下に一つずつ説明しよう。会社によってはこれらのデイ・ケアを複数同時に提供するケースもある。

・社内のデイ・ケア・センター

従業員が利用できるデイ・ケア・センターを社内に設立する動きがかなり一般的になってきた。これは従業員に非常に歓迎されると同時に、雇用主としての魅力を増すことにもなる。例えば、Bureau of National Affairs の調査によると、社内のデイ・ケア・センターを利用している米国企業の従業員691人のうち63パーセントの人は自社に対する好感度が増し、69パーセントは自社で働き続けることを希望、そして38パーセントはセンターがあったため、入社を決めたそうだ。

・緊急時のみのデイ・ケア・センター

従業員が自分でデイ・ケア対策を立てている場合、ベビーシッターが病気になったり、社外のデイ・ケア・センターが休業したりといった、緊急時にはどうするかという問題が残る。すぐに他の預け先を見つけることは簡単ではないので、親は欠勤しなければならないかもしれない。

こうした「緊急時」をカバーできる小規模のセンターを設立するだけでも、従業員には大きな支えとなる。このようなセンターを持っている米企業としては、例えばバンク・ワン銀行、ブリストル・マイヤーズ スクイブ（医薬品会社）、J. P. モルガン、S. C. ジョンソン&サン（台所用品会社）やタイム・ワーナー社が挙げられる。なぜセンターを設立したのかという質問に対して、センター開設当時のタイム・ワーナー社社長は、「働く親の問題を解決することはわれわれのビジネスにとってプラスであるため」と述べている。

・地元コミュニティーとの協力

企業の周りにあるチャリティー団体と協力し、地域のデイ・ケア・センターと手を組んで従業員にサービスを提供する米企業もかなりある。特に小規模企業にとって、これは比較的簡単にできる対策だ。会社の「よき企業市民活動の一環」（part of being a good corporate citizen）と考えるといいだろう。

・デイ・ケア情報提供（**resource and referral service**）

デイ・ケアに関して母親がいちばん頭を悩ませるのは、質のよいベビーシッターやデイ・ケア・センターを見つけることである。多くの米国企業は、アドバイスや情報サービスを無料で提供している。こういったサービスを専門に行う会社と契約している企業も多い。

・デイ・ケア費のための無税口座（**dependent care spending account**）

従業員の給料から、税引き前に決まった金額を天引きして特別口座に預け、デイ・ケアの費用をそこから支払うシステムだ。これは企業が提供するデイ・ケア関連のサービスの中では最も人気が高い。口座の開設はさほど予算がかからないのに加えて、デイ・ケア費用の重荷を背負っている従業員にとっても喜ばしいことだからである。

★投入金額以上の見返りがある母乳養育プログラム

赤ん坊はミルク（infant formula）より母乳（breast feeding）養育がはるかによいという医学的調査結果があるため、多くのアメリカ人女性は母乳で育てようとしている。そうなると、

母乳を一日数回搾乳して瓶に入れたものを冷蔵庫で保存し、家に持ち帰って次の日に赤ん坊に与えることになる。問題は、その搾乳をいつどこですればよいかということだ。会社の協力がないと、これはかなり難しい。まずは静かでプライバシーが十分保てる場所が必要である。女性の多くは会社のロッカールームや化粧室を使っているが、あまり清潔ではないので、理解のある会社は専用スペースを提供している。例えば、日系自動車部品メーカーの Denso Manufacturing Michigan は、搾乳に必要な設備がそろった部屋を作った。

場所だけでなく、時間も必要である。搾乳には15〜20分ほどかかる場合もあるからだ。この重要性に目を向けなかったクライスラー社の自動車工場は大きな問題を抱えることになった。出産直後の従業員が仕事に戻り、搾乳ができるように休憩を延長するように依頼したが、会社が認めなかったため、彼女はこれを差別として提訴したのだ。

しかし、トラブルを回避するためだけでなく、母乳養育を奨励することは会社にとってもメリットがある。例えば、母乳養育サポート・プログラムを導入した、カリフォルニア州のとある二つの企業で行われた調査の結果によると、プログラムの導入以降、従業員の赤ん坊の病気は36パーセント、母親の欠勤は27パーセント減少したという。これは会社にとっても生産性の向上につながっているはずだ。つまり、**働く母への援助は、単なるぜいたくではなく、従業員のやる気アップや欠勤の減少、職場への定着率の向上などの具体的な成果に反映される。**ワーク・ファミリー・ディレクションズ社の調査によると、従業員のために施

第3章 アメリカ人も日本人もハッピーになれる人事管理法

行する柔軟な勤務日程やデイ・ケア・センターの設立に投入する各1ドルに対して、2～6ドルの収益が出るのだそうだ。賢明な経営者は、ワーキング・マザーのために対策を練るべきであろう。

第13話

会社になじむ社員を採用するコツ
本人の「性格」と「人生観」が就社後の運命を決める！

Q 最近、管理部門のスペシャリストや技術者など、いわゆる専門従業員の離職（turnover）率が高い。人事面での待遇を改善することで社員をつなぎとめようとしても、目覚ましい効果が上がっていない。辞めた人に話を聞くと「日本の会社で働くのは想像以上に難しかった」「社風が合わなかった」といったコメントが多く、入社段階ですでに問題を抱えていたことがうかがえる。会社にとけ込める社員を面接時に見極めるコツについてお話ししよう。

★こんなアメリカ人を採用すべし

社員を採用する際、職務に必要とされる資格、能力、経験を考慮するのは当然だが、それ以外の要素で見過ごしてはならないのが、性格と人生観という二つのファクターだ。この部分がずれていると、他の条件がいくら合致していても、いずれ会社になじめなくなり、お互いにとって不幸な結果を招く。

日系企業では特に、社員の性格と企業風土・企業文化（corporate atmosphere and culture）の一致が重要とされる。**典型的な米企業で働いてきたアメリカ人が日系企業の独特の体質になじむには、相当の適応力が求められる。その社員が異文化環境にとけ込める能力を持っているかどうか、採用時に慎重に考慮すべきだ。**

日系企業になじめるアメリカ人はどういう共通項を持っているのか。多くのアメリカ人顧客と接してきた私の経験から以下のような結論が導き出された。

・柔軟、かつ開放的である（**flexible and open-minded**）
保守的すぎず、臨機応変に対応できる。これまで経験したことのない日系企業独特の仕事のやり方にトライする姿勢を持っている。
・前向きである（**forward-thinking**）
常に問題意識を持ち、ニーズに敏感である。
・情報整理がうまい（**organized**）
情報を詳細に分析し、自ら体系化できる。情報分析に価値を置く日本人とのビジネス関係には不可欠。
・コミュニケーション能力が高い（**excellent communication skills**）
言葉や文化の壁を乗り越えて、情報、アイデアを明確に伝えられる。
・冷静である（**even-tempered**）
異文化環境下でのストレスや誤解に耐えられる冷静さを持っている。
・根気強い（**patient**）
一挙に大きな成功を狙うのではなく、目標に対して地道な努力を続ける人間だと日系企業のペースになじみやすい。
・粘り強い（**persistent**）
意思決定に時間がかかる日系企業の体質に耐えられる。
・共同作業ができる（**collaborative working style**）
目標達成のために、他の社員と協力し合える。チームワークを

重んじる日系企業では不可欠の資質。

・フレンドリーである（**friendly**）
他の社員といい関係を築き、社内の和を保てる。

・聞き上手である（**good listener**）
相手に敬意を払い、真摯な態度で話を聞ける。

・謙虚である（**modest**）
自画自賛するのではなく、他人からの賛辞を待つことができる。

・好奇心旺盛である（**curious**）
日本の文化やビジネス慣行に興味を持っている。

・如才ない（**diplomatic**）
異文化環境では誤解は避けられないが、発生した際、早期に解決できる手腕を持っている。

・微妙なニュアンスを解し、伝えられる（**subtle, able to convey nuances**）
無遠慮で強引な表現を使わずに、相手に言いたいことを伝えられる。

　面接の際は、仕事の内容と直接関係ある項目を確認しつつ、以上の性格面も考慮したい。以下に具体的な質問例を示したので、参考にしてほしい。

・Describe a time when you needed to **work with someone from a very different background** from yourself.（自分とバックグラウンドまったく違う人と一緒に働かなければならなかった経験があれば、説明してください）

・If you have had the experience of **working with someone**

whose native language was not English, please discuss it. What did you do to make sure that the communication was effective?（英語が母国語でない人と一緒に働いた経験があれば、説明してください。その際、きちんと理解し合っていることを確認するために何をしましたか）

★日系企業で働くアメリカ人が持つ不安

　残念なことに、米国のメディアの偏見の入った報道の結果、日系企業は米国であまり魅力的な雇用主とは見られていない。日系企業で働いてみたものの満足できず辞めてしまったアメリカ人が友人や同業の知人に伝える悪評も、否定的な見方を助長している（満足している客はその評判を一人の知人に伝えるが、不満がある客は四人の知人に伝えると言われる。同様に、満たされない社員は多くの知人にその不満を語る）。その結果、多くのアメリカ人が、日系企業に懸念を感じ始めた。応募者が感じる不安はおおむね次のようなものだ。

・未知の文化的習慣や規則に従わざるを得ないのか。
・文化的な侮辱、不快な扱いを受けるのではないか。
・出世の可能性はあるのか（現地社員がぶつかる壁のことを、私は「グラス・シーリング」[glass ceiling；ガラスの天井＝女性の昇進がある時点でストップしてしまうこと。米国でよく使われている表現]ならぬ「和紙の天井」と呼んでいる。現地組織における上位ポストのほとんどは日本人駐在員に占められており、現地採用の社員は、いずれ天井にぶつかってしまうからだ）。
・女性社員を平等に扱っているか。

こうした懸念に対しては、面接段階で回答するのが望ましい。そうしないとみすみす優秀な求職者を失う可能性もあり、また、こうした懸念を抱いたままで入社したりすると、出だしからつまずく危険性もあるからだ。逆に、「親会社は日本にあるが、米国社会にとけ込んで社員が一致団結して頑張っている」とか、「米国のやり方のよい点を取り入れつつ、日本企業のよい点も持ち続けている」といったことは、日本企業の肯定的側面として強調しておきたい。

★採用したアメリカ人社員をうまく使おう

　いったん適切な人材を採用したら、組織にうまくとけ込んでもらうようにすることが重要だ。残念ながら現状では、新入アメリカ人社員の受け入れに十分な力を注いでいない会社が多い。採用されたアメリカ人が、米系企業とはかなり違う日系企業の文化とビジネス慣習に驚くのは容易に想像できる。会社の風土を十分に理解させるため、特別な配慮と説明は不可欠である。以下に、役立つであろう具体案を挙げる。

・入社時に正式なオリエンテーション（orientation）をし、その中で日本文化についても説明する。
・日本の文化とビジネス慣行に関する参考資料を提供する。
・メンター（mentor：指導者）をつける。ベテランのアメリカ人社員、もしくは役職クラスの日本人社員がメンターとして適切だ。正式な任務としてメンターに指名することが望ましく、その役割も明確にする。
・入社6カ月以内に、正式な異文化トレーニングに参加させる。

第3章 アメリカ人も日本人もハッピーになれる人事管理法

第14話
従業員の流出を防ぐには

アメリカ人は常に、同業他社と比較している！

Q　在米日系企業では従業員の離職が問題になっている。競争相手は高額なボーナスなどを提供し、引き抜き（headhunting）を行っているらしい。需要の高い技術者は特に他社に移ってしまいやすい。この傾向が続くと会社は弱体化し、自社が同業他社のための社員教育の場になる危険性すらある。どうやって従業員の流出を止めたらよいか。

★「辞めるか辞めないか」、アメリカ人はどう決める？

　従業員の流出は在米日系企業の泣きどころである。日本でも最近、就社数年未満の社員の離職率が高いが、米国はそれ以上に労働市場が流動的なので、従業員の引き寄せと定着（retention）のための方法が考え抜かれている。日本人管理職の多くは、「離職」という問題を感情的に見る傾向があり、「忠誠心がなかった」（He lacked loyalty.）「期待に背いた」（He let us down.）などとアメリカ人従業員を批判しがちだが、もっと客観的に受けとめるべきだろう。

　アメリカ人従業員の仕事に対する考え方を理解するために、労働市場を日米比較しよう。日本人は就職する時、熱心に企業を比較検討する。業務内容、給料、福利厚生、職場の雰囲気、企業イメージなどだ。企業側も、優秀な学生を採用したがって

いる。しかし、入社後は企業と個人の間に暗黙の了解ができ、社外の労働市場にはさほど目を向けなくなる人が多い。最近は、転職をする人の数が増えてきているが、まだアメリカほどではない。

　一方、米国の場合、従業員は自分の会社と他の会社が提供する雇用機会を比較して、どちらにメリットがあるかを絶えず考えている。仕事の条件・満足度を向上させ、将来の可能性を最大限に広げることが狙いである。自分の将来を会社に任せず、自分自身で責任を持つのだ。したがって、**現在の仕事の内容と待遇に満足していたら、他の雇用機会は必要ないし、逆に他社にメリットがあれば、他社に移る可能性もある。**

　アメリカ人は金銭的報酬だけでなく非金銭的報酬も重視する。企業は、従業員に十分満足してもらうために努力する必要がある。それを怠ると、従業員は去ってしまう。**離職率は従業員の仕事に対する満足度指数（indicator of employee satisfaction）に反比例するので、離職率が高いのは会社に対する警告である。**その場合は、人事管理や職場の雰囲気に何らかの問題があるはずだ。

★離職する従業員へのアンケート調査

　離職率をゼロにするのは不可能だが、人事管理面を充実させることによって抑えることは可能である。まずは、従業員の不満足の原因を指摘して取り除く。離職する従業員を対象に以下のようなリサーチを行うとよい。

・退職時面接（**exit interviews**）
人事担当が退職者を面接する。これは情報を得るためであって、「職場復帰」を頼むのではない。自社に対する感想と退社の理由を尋ねることにより、社内に潜んでいる問題を明らかにできる。ここで得た情報は必ず記録に残し、分析して退職パターンを探ることが大切である。

・満足度アンケート調査（**employee attitude survey**）
現在いる従業員にアンケート調査をし、仕事・会社に対する満足度を測る。匿名（anonymous）にすれば率直な意見が得られるだろう。手順については人事担当者あるいは外部の専門コンサルタントに依頼する。

・面接
従業員から数人代表を選び、仕事・会社に関する意見を聞く。人事担当者あるいは外部の専門コンサルタントが行うのが望ましい。結果を経営者に報告する際は匿名にしておく。以下のテーマについて聞くとよいだろう。
　◎従業員が最も必要としていることは何か
　◎従業員の生活を向上させるにはどうすればよいか
　◎会社に必要な変化とは何か

　情報を集めると、自社が改善すべき点が明らかになる。これに基づいて、対策を講じるのが次のステップである。調査後、会社は改善への活動を早めに始めることだ。従業員の意見を聞いて何もしないでいると、彼らのいらだちと反発を招く。

★会社が見直すべきこと

・報酬

優秀な従業員を定着させるためには、競争力のある報酬は不可欠な要素である。他社と比べて「よりよい」あるいは「だいたい同じ」が望ましい。原則として、報酬が市場レートより20パーセント以上低かったら離職の理由となる。

日系企業は入社時の給与交渉（salary negotiations）に力を入れるが、昇給（salary increases）も大切である。月給だけではなく、総年収（total annual income）を比較することも必要だ（ボーナスなどのインセンティブを含む）。昇給やボーナスは個人の努力と実績にかかわっている。能力重視の米国では、自分の努力が直接給与に反映されると考える。「皆が同じ金額のボーナスをもらったら意味がない」と思っているのだ。年功序列など日本的なやり方に基づいた報酬制度が米国の労働市場に合わないのは確かだ。

・ベネフィット

休暇、団体保険、退職後の資金集めプランを含む。自社が提供しているものが他社と比べて劣っていないかどうかをチェックする必要がある。特に、多くの米系企業が提供している身体障害保険（disability insurance）を提供する日系企業は少ない。短期身体障害保険は、三～六カ月以内の病気・ケガの場合に適用され、休業補償給付がなされる。長期障害所得補償保険は、六カ月以上の長期休業が必要な場合に適用される。これは個人で加入するには高額だが、会社が導入すれば大きな負担にはな

らない。こういったベネフィットは従業員の生活面での安心感を与える。

・**労働時間の柔軟性**
米国ではワーキング・マザーやシングル・ペアレントが増えているため、労働時間の柔軟性が注目されている。世論調査では、多くのアメリカ人が融通の利く労働時間は高額の給与より大切だと思っている。

・**従業員のトレーニング・教育**
米系企業と比べ、多くの日系企業は従業員にトレーニングの機会を提供していない。従業員に投資し、彼らが会社にとって大切であるということを示せば、忠誠心とやる気は高まる。その上、従業員の能力がレベルアップすれば仕事の効率も上がる。トレーニング・プログラムは、離職率を抑えるための有効な投資なのだ。

・**仕事を通しての向上**
仕事のおもしろさ、能力の開発や発揮、知識とスキルの向上などを感じることが従業員の希望である。ホワイトカラーや管理職は特にこの傾向にあり、仕事は生活のためだけではなく、自己実現の手段（means of self-actualization）であるという考え方の者が多い。つまり、仕事が退屈だったりやりがいがなかったりすることが退職理由になる場合がある。

・**参加、貢献、認識**
アメリカ人が希望するのは、自分の仕事が会社によって認めら

れ、感謝されることだ。日本人の上司がアメリカ人の部下に感謝したり褒めたりしないと問題が起こることがある。また、アメリカ人のホワイトカラーや管理職は責任・権限、意思決定プロセスへの参加も希望している。

・長期的キャリアの見通し
経済的には「将来の報酬への期待」(expectation of future compensation) と言える。**自分の努力が将来報われて、出世できる職場は従業員にとって魅力的だ。しかし多くの日系企業では、管理職のポストのほとんどを日本人が占めているので、アメリカ人従業員の出世を妨げてしまう。**

第3章 アメリカ人も日本人もハッピーになれる人事管理法

第15話

社内募集制度に異議あり！

会社全体の利益を思えばこそ……

Q ある日本人上司は、部下の一人が特に有望なので時間をかけて指導し、育てようとしていた。この部下が「○○部でおもしろそうなポストに空きがあると掲示されていた。興味深い仕事だし、自分のキャリアにもプラスになるだろう。社内募集に参加したいが、それには上司の了解が必要なので、この申込書にサインしていただけませんか」と言う。部下を他の部署に渡さないためにはどうすべきか。

社内募集制度（internal job posting system）は日本にはあまりないので、この上司が当惑するのも無理はない。この上司は部下を自分の片腕だと思っていた（thought of him as his right-hand man）ので、彼の希望を侮辱と感じた。なぜ部下は自分で次のポストを選ぼうとするのか。許可を出すべきかどうか上司は悩んだ。

上司として適切に対応するために、まずアメリカ人のキャリアプランに関する考え方と社内募集制度の原理を学ぼう。

★人事異動の代わりの社内募集制度

ほとんどの日本企業は終身雇用制度（lifetime employment）をとっているので、個人は自分のキャリア設計を、人事部に任

せている。頻繁な異動で従業員の能力を育成し、発揮させるように図っているのだ。従業員は何をやりたいか深く考えても実現できないかもしれないので「与えられた仕事をやる」という態度になる場合が多い。日本の組織では、協力的でフレキシブルな態度が高く評価されるのだ。

米国の場合、自分のキャリアを成就するためにどんなスキルを身につけて、どんな仕事に就くべきかを自分で主張できるようにならなければならない。自分の願望を明確にして、ステップアップになるようなポストを探す。

米国企業は人事異動（personnel shuffles, internal rotations）をあまり行わないので、次のステップに進むためには他社のポストにも目を向ける必要がある。自分が興味が持てそうな、あるいは能力が発揮できそうなポストの空きに関して情報が入ったら、履歴書を出して積極的に志願する。社内募集というのは、このことを同じ会社の中で可能にするための手段である。つまり、ポストの空きや新しいポストの設立を社外に知らせる前に、まず社内で興味がある者がいるかどうかを確かめるわけだ。

★社内募集制度にはこんなにいい面が！

・人材を確保する
社内募集制度を利用することによって、自社で教育した従業員を定着させることができる。他社に移るより、従来と違う仕事でも社内に残った方がよいと従業員に提示している。

・個人に選択肢を与える

アメリカ人は誰かに指示されるより、自発的に選ぶことを好む（prefer to choose on their own rather than be told what to do by someone else）傾向がある。自分から志願できる社内募集制度はそうした米国文化に合っている。

・社内昇進を促進する
アメリカ人も昇進を強く望んでいる。社内募集制度はそのための機会を作る。

・変化と活性化（**revitalization**）を進める
人間は、同じ仕事を長い間続けているとやる気が鈍ることが多い。人事異動は、各人に新たなチャレンジを与え、結果的に各部門が活性化する。社内募集は米国式人事異動と言えよう。

・社内情報の流れを促す
人事異動は、部署間のコミュニケーションと情報の伝達を円滑にする効果がある。

・雇用機会を公平に与える
ポストの空きは 口コミ（word-of-mouth）では効率的に伝わらない。あるグループにのみ伝わって、他のグループには届かないこともある。あるいは、上司が好きな部下だけに伝えることもある。米国では機会の平等（equality of opportunity）を大切にするので、社内募集は情報が公平に伝わる機会として評価されている。

　社内募集の成功例として、日系大手電気メーカーのジュリー

さんのケースを紹介しよう。彼女は大学卒業後、某電気メーカーに秘書として入社した。「秘書は目指していた職種ではなかったが、優良企業への足掛かりを得るためにやってみようと思った」と彼女は言う。1年半秘書を務めた後、流通部門でポストが空いていることを社内掲示で知り、応募して選ばれた。今彼女は、日本から輸入されてくる商品の流通管理を楽しんでいる。「異動する前から会社のやり方をわかっていたので、社外から新人が採用されるよりも仕事をうまくこなしていると思います。もちろん、社内募集で選ばれなかったら、社外で新しい機会を見つけたと思いますが」と。会社は優秀な彼女を確保し、彼女は連続勤務によるメリットを得られたわけである。

★上司がイヤだから社内募集に応募するのではない

　アメリカ人従業員が社内募集に応募するのは、ほとんどの場合掲示されたポストに対して興味があり、同じ会社で働き続けたいからだ。上司が嫌いなのではなく、会社に対する忠誠心の表れと理解するのが正しい。

　したがって、社内募集に志願したいという依頼には、その従業員を必要とする緊急のプロジェクトでもない限り、応えるべきだ。優秀な人材を自分の部署にずっと置くのはフェアではないし、他の部下および他の部門からの批判も招く。適当な理由もなく依頼を拒否すれば、その従業員の仕事に対する意欲と、上司に対する協力的態度は低下する。その上、管理職にある者が人事部の計画の邪魔をすることもよくない。もし社内募集で部下がよその部署に移れば、その人のポストに新しい人を入れるために自分でも社内募集を行ったらどうだろうか。

第3章 アメリカ人も日本人もハッピーになれる人事管理法

第16話

「ハイブリッド文化」の提唱

日本と米国の「いいとこドリ」で行こう！

Q　「ここは日本の会社ですから、日本のやり方でやりましょう」「ここはアメリカですから、アメリカのやり方に従うべきです」「われわれ日本人にとって、百パーセントアメリカ流のビジネス・スタイルでやるのは抵抗があります。アメリカ人のやり方を尊敬はしますが、日本のビジネス・スタイルの中には、よりよいものもあるからです」「日本の企業が成功しているので、日本のやり方が効果的だとおっしゃるのはもっともです。しかし、非常に非効率的な部分もあります」など。米国でははたしてどちらのやり方がいいのだろうか。

　アメリカ人と日本人が一緒に仕事をする時、ビジネスのやり方に違いが出てくるのは避けられない。しかし、実際に仕事を進めていく上では、一つのスタイルに絞らなければならないので、もし両方が譲らなければ、対立につながる。日本のやり方にすればアメリカ人はハッピーではないし、アメリカ人のやり方にすれば日本人は居心地が悪くなる。結果として、多数決で米国式で、あるいは日系企業だから日本式で、などということになる。

　確かに「郷に入っては郷に従え」は大切だが、それには限度がある。日本人が米国で仕事をする時は、現地の法律は守るべ

きだが、百パーセント順応することは不可能だし、日本人らしさを失うのは、逆に望ましくない。特に、日本人がアメリカ人の欠点をそのまま取り入れて真似をする（pick up）のは非常によくない。同様に、アメリカ人が日系企業に入る際、彼らに、百パーセント日本人と同じ行動を取ることを期待するのは無理だし、ふさわしくない。特に、アメリカ人の長所が生かせなくなったらもったいない。

　互いの特長を打ち消すのではなく、協調体制を作り出すための努力が必要である。そのためには、会社内で米国式と日本式の対立を防ぎ、皆が協力し合って「ハイブリッド文化」を作ることをお薦めしたい。ここで言う「文化」とは、ある特定のグループ（国、会社、部、チームなど）が持っているやり方や規則・習慣のことである。この中には、各人が特に意識していないものもたくさんあるだろう。「ハイブリッド文化」というのは、日本の文化でも米国の文化でもなく、その両方の長所をとり混ぜた新しい文化であり、その会社やチーム独特のものである。

★日本式か米国式かにこだわらずに

　「ハイブリッド文化」を作り上げていくプロセスの中では、一緒に働いているアメリカ人と日本人が話し合って、米国のやり方の最もよい部分と日本のやり方の最もよい部分を選び、皆が納得できる「文化」を明文化する。ここには、そのグループ内の全員が、今後作業をする上で順守すべき行動様式（norms）が記述される。グループによって適当な行動様式項目は異なってくるが、以下が代表的なものである：

・使用言語は英語、日本語、あるいは両方とするか。それをいつ使うか？
・書類の扱い方
・報告の仕方
・会議の目的・頻度・やり方
・日本本社との連絡のとり方
・目標設定の哲学
・コンセンサスのとり方
・選択の評価
・意思決定の仕方

　以上のような課題について行動様式を定義しておけば、その後は摩擦の可能性が低くなる。

　行動様式の作り方の例を挙げよう。当社のあるクライアントが最近、社内のアメリカ人と日本人との間に対立があると相談を持ちかけてきた。日本人とアメリカ人が参加していた会議で、英語で話をしていたにもかかわらず、突然、日本人が日本語の会話を始めて、長い間それが続いた。会議に参加していたアメリカ人は、話の内容がわからなくなったので、不快に感じ、このわだかまりが今日まで尾を引いているという。

　この問題の解決策として、ハイブリッド文化の形成が役に立った。アメリカ人従業員は、日本人が英語を一日中使うのはつらいし、場合によっては日本人は日本語の方が密度が濃い話ができるということを認めて、会議の中で必要に応じて、条件付きで、日本語を使用することを許可した。その条件とは、日本

語の会話に入る前に、周りのアメリカ人に、"Excuse me, we need to speak in Japanese for a moment."（しばらくの間、日本語で話をしたいのですが）のような表現を使って許可を得ること、そして日本語の打ち合わせが終わった時点で、アメリカ人参加者のために何が話されたかを英語で説明するというものである。このやり方は日本人とアメリカ人双方の賛成が得られたので、皆が守るべき行動様式として導入された。

ハイブリッド文化は会社規模ではなく、二人だけでも作れる。まず、ビジネスを進める上でのお互いの共通点と相違点が何かを探り、非常に異なる面は摩擦の原因になる可能性があるので、それにどう対応するかを事前に決めておく。ペアを組むアメリカ人と日本人とで、こういった実習を事前に行うと、仕事を円滑に進めることができる。

★1＋1＝3以上となるように……

ここで「ハイブリッド」という言葉を用いたが、実は在米日系企業内にはさまざまな文化が存在する。米国は移民国家なので、労働市場にはさまざまな出生を持つ人々がいて、それぞれ自分の国の文化を担っている。その上、人種や宗教の違いもあり、これに性別、出身地方、職務、教育レベルなどを含めたカテゴリーがそれぞれ、その人のサブカルチャー（subculture：下位文化）を形成している。日本は米国より同質性（homogeneity）が高いが、実際には、日本人の間にもさまざまなサブカルチャーがある。サブカルチャーとはすなわち、各人が持っている、異なった性格を反映する「文化」と考えるといいだろう。

ハイブリッド文化の形成は、グループの各メンバーが持っているサブカルチャーを反映し、長所を生かすことになる。これを「シナジー」（synergy：共同作用）と呼ぶ。シナジーというのは、グループの個々人が別々に達成する行為の「和」より、グループが協力した方がよりよい結果が出せるということである。メンバーが多様であればあるほど、シナジーの可能性は大きくなる。

　以前、ある日本の政治家が、米国にはさまざまな人種がいるため平均的なレベルが下がっているという意味の失言をして、米国のマスコミに大きく取り上げられた。この発言の裏には、同質性が高い方がいいという意識があるのだろうが、これは正しくない。米国では、うまく協力すれば、多様性のあるグループの方がよりよい結果を出せると考えられている。そして、シナジーを実現するためには、ハイブリッド文化の形成はなくてはならないプロセスなのである。

ロッシェル・カップ（Rochelle Kopp）

ジャパン・インターカルチュラル・コンサルティング社（www.japanintercultural.com）社長。異文化コミュニケーションと人事管理を専門とする経営コンサルタント。全米中及び日本とヨーロッパで日系と外資系の多国籍企業に異文化研修を提供する。イェール大学歴史学部、シカゴ大学経営学院修了。『ビジネスミーティングの英語表現』（ジャパンタイムズ）、『外国人部下と仕事をするためのビジネス英語』（語研）や『ソフト・マネジメントスキル』（日本経団連）をはじめ、20冊以上の著書がある。『日本経済新聞』、『朝日ウィークリー』（朝日新聞）、『スタッフアドバイザー』（税務研究会）等にコラムも連載している。日本語が堪能で、日系大手金融機関の東京本社における仕事経験を持つ。

反省しないアメリカ人をあつかう方法【増補改訂版】

2003年10月22日　初版発行
2006年9月15日　第2刷発行

著者　ロッシェル・カップ
発行人　平本照麿
発行所　株式会社アルク
　　　〒168-8611 東京都杉並区永福2-54-12
　　　TEL 03(3327)1101（カスタマーサービス部）
　　　　　03(3323)2444（英語出版編集部）

アルクの出版情報　http://www.alc.co.jp/publication/
編集部eメールアドレス　shuppan@alc.co.jp

装丁　亀海昌次
レイアウト　松本田鶴子

印刷・製本　大日本印刷株式会社
DTP　株式会社秀文社

© Rochelle Kopp 2003　Printed in Japan.

本書は1998年発行のアルク新書『反省しないアメリカ人をあつかう方法』の増補改訂版です。

落丁本・乱丁本は弊社にてお取り換えいたします。
定価はカバーに表示してあります。

PC：7003117

アルクのキャラクターです

WOWI（ウォーウィ）
WOWIは、WORLDWIDEから生まれた名前。「地球上の人々と手をつなぎコミュニケーションしていく能力とマインドを持つ、ワールドワイドに生きる人」を表します。

http://wowi.jp/
ワールドワイドに活躍する人のコミュニティ・サイト

毎月、進化する英語教材

アルク
www.alc.co.jp

ヒアリングマラソン

世界で通用する本物の英語力を身につける!!

受講開始レベル
TOEICテスト550点、英検2級〜

学習時間の目安
1年で1000時間のヒアリングが目標

研修採用企業 2,000社以上

毎月新しく制作。フレッシュな話題で本物の英語が学べる!

教材が毎月制作され、フレッシュな話題で学べるのが「ヒアリングマラソン」の最大の特長。いま活躍中の映画スター、スポーツ選手から、政界界のVIPまで、日本語ではまだ聞いたことのない最新情報をたっぷり楽しみながら、リズム感あふれる本物の英語が身につきます。

じっくり精聴、さくさく多聴で、英語の耳を育てる!

英語をただ聞き流すだけでは、ヒアリング力はアップしません。聞き取る決め手は、「多聴」と「精聴」のダブルアプローチ。内容を大まかにつかみながら英語の音に慣れる「多聴」と、正確な理解を目指して細部までしっかり聞き取る「精聴」——この2つをバランスよく組み合わせ、英語の耳を育てます。

学習内容をカスタマイズ——英語は空き時間にマスター!

多彩なコーチ陣がサポートする、厳選した素材を1年間お送りします。CDプレーヤーさえあれば、歩きながらでも電車の中でも、いつでもどこでも学習が可能。自分のスケジュールや英語レベル、興味に合わせて自由自在に学習内容をカスタマイズできます。

くわしい内容は次ページをご覧ください ▶

中学・高校と英語を勉強したのに英語が聞き取れないのはなぜでしょうか。
理由は簡単。聞き取りの練習量——ヒアリングの時間が
絶対的に不足しているからです。
英語の音を聞き取るには、スポーツや音楽と同様、**体で覚える**必要があります。
「ヒアリングマラソン」の目標は、1日3時間、1年間に1000時間、英語を聞いて、
日本にいながら**「英語の耳」をつくる**ことです。
1日3時間と聞くとかなり長いと感じるかもしれませんが、
CDプレーヤーさえあれば、歩きながらでも電車の中でも、
いつでもどこでも学習が可能なので、無理なく続けられます。

★ 初級向けコーナー／「英語の耳」の基礎づくり

3ラウンドでウォームアップ

Warm-Up Track コーチ：竹蓋幸生

英語の聞き取りに効果的な「3ラウンド・システム」を採用。ひとつの音声素材を3回、ヒントを活用しながら聞くことで「聞いて分かる」が実感できます。

Dr.コーパス直伝！ボキャビル練習帳

Vocabulary Drill コーチ：投野由紀夫

ヒアリング力アップには、ある程度のボキャブラリーが欠かせません。コーパスデータに基づいて、使用頻度の高いコロケーション（形容詞＋名詞といった単語同士の結び付き）をマスターします。

★★ 中級向けコーナー／英語で最新情報をつかむ

ネイティブの今月の本音トーク

Talk Today コーチ：渡辺義和

ネイティブ・スピーカーが、旬の話題を毎月1つ取り上げ、ディスカッションを繰り広げます。台本なしで進むフリートークを通して、話の流れを予測しながら聞く力を養います。

ニュースの斬り方

News Views コーチ：松野和彦 他

海外で放送されたニュースを素材に、ニュース英語独特の言い回しや論理展開のパターン、背景知識を学んで、聞き取りに挑戦。ニュース英語の完全攻略を目指します。

あの人の英語に挑戦

Echo Field コーチ：蟹瀬誠一 他

著名人のインタビューを聞き、同時通訳者の訓練法でもある「リピーティング」と「シャドーイング」で、ヒアリング力とスピーキング力を同時に鍛えます。口に出すことがヒアリングに効果絶大です。

懸賞付きディクテーション・コンテスト

Dictation Contest コーチ：松岡昇

ディクテーションは、ヒアリングだけでなく総合的な英語力を伸ばす効果的な学習法。聞き取れない部分を前後から類推する力が養われ、英文法知識の整理にも役立ちます。

★★★ 上級向けコーナー／英語圏の文化を味わう

こはたあつこのラジオドラマ劇場

HM Playhouse コーチ：こはたあつこ

海外ラジオドラマを題材に、英語ならではの慣用表現やジョーク、よく使われる口語表現を身につけます。

HMシネマ試写室

Screening Room コーチ：平野祥子

新作映画を素材に、ナチュラルスピードの口語表現を聞き取る練習をします。多種多様な英語に接することができます。

ヒアリングマラソン

教材は毎月新しく制作。最新ニュースを英語で聞く、読む、話す。

EJで知る英語の音

副教材『ENGLISH JOURNAL』最新号を素材に、聞き取りに効く「音のツボ」を具体的に解き明かします。

マンスリーテスト

効率的な学習には、自分の実力・弱点の把握が欠かせません。TOEICテストのリスニングセクションに似た形式なので、受験対策にも効果的。

ENGLISH JOURNAL

副教材として毎月送られてくる英語学習月刊誌『ENGLISH JOURNAL』には、毎号、各界の著名人のインタビューを収録。CDには生の声が収録されています。

ジョニー・デップ、ジョディ・フォスター、トム・クルーズなど、毎月、フレッシュなインタビューが楽しめます。

毎月25日申込締切（小社着）、翌月10日スタート！

教　材

コースガイド1冊／マンスリーテキスト12冊（毎月1冊）／マンスリーCD12枚（毎月1枚）／月刊『ENGLISH JOURNAL』12セット（毎月、本誌1冊＋CD1枚）／マンスリーテスト12回（毎月1回）／特製CDケース1個／修了証（修了時発行）

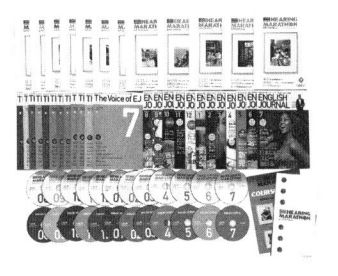

標準学習期間

12カ月

受　講　料

52,290円（税込）

お支払い方法

コンビニ・郵便払込、手数料無料（一括払い）

※クレジットカード払い（一括・分割）をご希望の場合は、フリーダイヤル0120-120-800（24時間受付）で承ります。

申込特典

教材が届く前にプレ号を進呈！

テキストのダイジェスト版をCD付きで差し上げます。本教材が届く前にウォーミングアップすることができます。

お申し込みは今すぐフリーダイヤルで。FAXでも承ります。

電話 通話料無料のフリーダイヤル（24時間受付）
0120-120-800
※携帯電話、PHSからでもご利用いただけます。

FAX 24時間受付。必要事項をご記入の上、送信してください。
FAX: 03-3327-1300

①2-03-117係／ヒアリングマラソン申込 ②氏名（フリガナ）③住所（〒から）④電話番号 ⑤年齢・職業 ⑥お支払い方法 ⑦クラブアルク会員番号（会員の方のみ）

※2006年8月末日現在の情報です。
※ご提供いただく個人情報は、商品の発送、お支払い確認等の連絡および小社からの商品情報をお送りするために利用し、その目的以外での使用はいたしません。

アルクの本で、ヒアリング力をもっと伸ばす!

AFNニュースフラッシュ 2006年度版
VOAニュースフラッシュ 2006年度版

CD+小冊子 各1,575円(税込)

AFN、VOAの2局で実際に放送されたニュースの中から重要トピックを精選しました。そのジャンルは国際・政治・経済・ビジネス、社会・文化、科学・環境、日本情勢と幅広く、米語英語特有の単語や構文も自然と身につきます。

▲AFNニュースフラッシュ 2006年度版

※『AFNニュースフラッシュ』『VOAニュースフラッシュ』とも、2005年度版があります。

イギリス英語リスニングCD
大杉正明 監修

CD+小冊子 1,680円(税込)

アメリカ式とイギリス式の発音を徹底的に聞き比べ、「イギリス英語を聞き取る耳」を作ります。まずは、英米で発音の違う母音・子音に焦点を合わせじっくり比較。その後、「センテンス→文章」とステップアップし、聞き取りの力を伸ばします。

CONTENTS:● 15分で分かる!イギリス式発音の超キホン ●センテンスを聞いてみる!イギリスVSアメリカ こんなに違う!モノの名前100

耳からラクラク身につく英語シリーズ

基本動詞+1で英語はもっとラクになる!!
コーパス核表現 まる覚えCD
CD+小冊子 1,470円(税込)

できるビジネスマンは1秒以内に英語を話す!
ショーンKの即聴・即答 ビジネス英語トレーニング
CD+小冊子 1,470円(税込)

理想の発音・リズム・日常表現が同時に身につく!
音楽と英会話の新ユニット! エイゴリズム
CD+小冊子 1,470円(税込)

お近くの書店でお求めください。
書店にない場合は、小社に直接ご注文ください。

(株)アルク ☎0120-120-800
通話料無料で24時間受付。携帯電話、PHSからでも承ります。

※1回あたりのご購入金額が3,150円(税込)未満のご注文には、発送手数料150円が加算されます。ご了承ください。
※2006年8月末日現在の情報です。